U0918147

国家社科基金青年项目《新常态下我国货币政策宏观经济效应的统计测度与评价研究》（项目编号：16CTJ002）资助

Study on the Control Performance of Monetary Policy Instruments

——Based on Financial Disintermediation Background and Perspective of DSGE Model

我国货币政策工具调控绩效研究

——基于金融脱媒背景和 DSGE 模型视角

毕燕君 /著

中国财经出版传媒集团

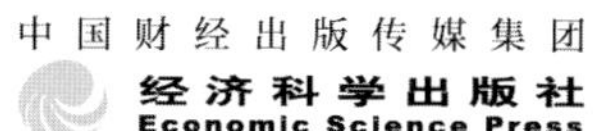

经济科学出版社

Economic Science Press

图书在版编目（CIP）数据

我国货币政策工具调控绩效研究：基于金融脱媒背景和DSGE模型视角/毕燕君著．—北京：经济科学出版社，2017.5
ISBN 978-7-5141-8130-2

Ⅰ．①我…　Ⅱ．①毕…　Ⅲ．①货币政策-研究-中国
Ⅳ．①F822.0

中国版本图书馆CIP数据核字（2017）第116028号

责任编辑：王冬玲
责任校对：徐领柱
版式设计：齐　杰
责任印制：邱　天

我国货币政策工具调控绩效研究
——基于金融脱媒背景和DSGE模型视角
毕燕君　著
经济科学出版社出版、发行　新华书店经销
社址：北京市海淀区阜成路甲28号　邮编：100142
总编部电话：010-88191217　发行部电话：010-88191522
网址：www.esp.com.cn
电子邮箱：esp@esp.com.cn
天猫网店：经济科学出版社旗舰店
网址：http://jjkxcbs.tmall.com
北京季蜂印刷有限公司印装
710×1000　16开　10.25印张　200000字
2017年6月第1版　2017年6月第1次印刷
ISBN 978-7-5141-8130-2　定价：45.00元
（图书出现印装问题，本社负责调换。电话：010-88191510）

前　言

货币政策工具是执行和传导货币政策意图的重要环节，中央银行对货币政策工具的选择在很大程度上影响着货币政策目标的实现及政策执行效果。在实际操作中，目前人民银行以货币政策数量型工具调控最为频繁，同时兼顾了价格型工具的间接调控模式。作为新兴经济体的发展中大国，我国正处于经济体制转轨的特殊时期，经济金融的主客观环境都正经历着深刻变化。一方面，我国影子银行规模飞速发展，被动增加了国内流动性，金融脱媒现象逐渐显现。这降低了货币供应量的可测性和可控性，进而干扰了传统的货币政策数量型工具的调控效果。另一方面，我国利率市场化改革逐步深入，微观主体对利率的敏感性不断增强，灵活的利率调控工具在宏观经济调控中正发挥着积极作用。那么，货币政策工具的现行调控模式是否适合新的宏观环境呢？数量型工具的调控模式是否仍然最优值得怀疑，不同货币政策工具调控模式的有效性和弊端成为争议的焦点，这也是我们所面临的紧迫而卓有意义的重要课题。

本书的研究意义体现在：首先，本书对于影子银行的信用创造机制形成广义流动性影响货币供给量，进而对货币政策调控形成冲击和挑战等问题进行定量研究。通过对我国影子银行规模和广义流动性进行测度，为我国金融监管部门建立和完善影子银行监管体系提供现实参考和理论依据。其次，本书在具有微观基础的DSGE模型框架内进行系统性、规范化的研究和分析，为比较不同货币政策工具的调控绩效提供了较为统一的理论分析框架，并使用涵盖完整经济周期的近二十年经济金融数据进行实证分析，以反映我国经济金融环境的最新变化，从而使结论具有现实指导意义。最后，本书在金融脱媒和利率市场化改革的背景下对不同货币政策工具的调控绩效进行综合评价，这对于丰富我国中央银行货币政策的理论研究具有深远意义，对于我国未来货币政策工具的合理选择、提高货币政策调控水平、指导货币政策操作实践具有积极意义和应用价值。

本书在以下四个方面开展了创新性工作：

第一，从研究视角来看，本书在金融脱媒背景下研究我国货币政策工具的调控效果，将影子银行的出现影响货币政策工具调控效果作为主要线索，并结合我国利率市场化改革不断深入的实际情况，将利率市场化改革影响货币政策工具调控效果作为辅助线索，更加贴合我国实际，实证分析也更具现实意义。

第二，本书基于中国式影子银行的特殊性，利用“未观测信贷”的概念，从信贷需求（即借款人）角度，通过国民经济核算和金融统计分析的方法对我国影子银行的规模进行测算，并借鉴 Andrew Sheng（2011）对 M5 的界定，基于我国影子银行规模对我国的广义流动性进行了估计。

第三，目前我国利率市场化改革的基本格局已初步形成。本书利用状态空间模型估计了利率市场化背景下我国基于广义流动性的均衡利率水平。

第四，为比较货币政策数量型工具和价格型工具的调控绩效，本书构建以下三个 DSGE 模型：基于广义货币供给量 M2 的货币政策数量型工具调控绩效分析模型（模型Ⅰ）、基于广义流动性的货币政策数量型工具调控绩效分析模型（模型Ⅱ）以及利率市场化背景下基于广义流动性的货币政策价格型工具调控绩效分析模型（模型Ⅲ）。进而利用参数校准、贝叶斯估计和脉冲响应等方法进行政策模拟分析，这是本书的重点和难点所在。

作者

2017 年 3 月

目　　录

第1章

导　论

1.1

研究背景与研究意义

1.1.1 研究背景

2013年4月9日，世界三大知名评级机构之一——惠誉将中国长期的本币信用评级从AA－降到A＋，这是自1999年以来国际主要评级机构首次下调中国的主权信用评级。其理由是我国信贷规模扩张过快，尤其对影子银行体系的崛起助长信贷扩张表示担忧。自2008年金融危机以来，各国学者至今未停止对危机产生原因和形成机制的反思，“影子银行”作为金融创新产品泛滥、金融市场监管不力和资本市场盲目扩张的载体，被认为是罪魁祸首而饱受诟病，成为各国学术界和业界关注的焦点。Krugman（2009）认为影子银行是金融体系中的一个“盲区”，其在对金融体系稳定性带来威胁和隐患的同时，也令货币政策调控面临前所未有的挑战。

2008年金融风暴席卷全球后，为尽快走出经济衰退的泥潭，各国实施了各种版本的救市计划，其中货币政策使用得最为广泛。这使得货币政策这一宏观经济调控工具的作用越来越重要，日益受到各国政府的重视。就我国而言，自20世纪90年代我国确立社会主义市场经济体制以来，货币政策的制定和执行就已成为我国宏观经济调控的重要手段。货币政策工具是执行和传导货币政策意图和方针的重要措施，中央银行对货币政策工具的选择在很大程度上影响着货币政策目标的实现及政策执行效果。目前，我国货币政策工具主要包括数量型工具和价格型工具两大类。前者侧重于直接调控货币供给量，主要包括存款准备金率、公开市场操作和信贷规模控制等；后者侧重于间接调控的工具，主要包括利率调控和汇率政策，而一年期存贷款利率被认为是最有效的价格型工具。在实际操作中，与我国市场经济改革进程相适应，人民银行以货币政策数量型工具调控最为频繁，同时兼顾了价格型工具的间接调控模式。

作为新兴经济体的发展中大国，我国正处于经济体制转轨的特殊时期，经济金融的主客观环境都正经历着深刻变化。一方面，虽然受到金融市场深度和广度的限制，我国影子银行体系的构成和形式具有一定的特殊性，但我国影子银行规模却飞速发展，其中部分金融工具在资金融通中越来越重要，被动增加了国内流动性，金融脱媒现象逐渐显现。而这部分“货币创造”尚未得到监管部门及时、有效的监控，货币供应量的可测性和可控性降低，进而干扰了传统的货币政策数量型工具的调控效果，增加了货币政策操作的难度和复杂性；另一方面，自20世纪90年代中期以来，我国利率市场化改革逐步深入，微观主体对利率的敏感性不断增强，灵活的利率调控工具在宏观经济调控中正发挥着积极作用。那么，货币政策工具的现行调控模式是否适合新的宏观环境呢？数量型工具的调控模式是否仍然最优值得怀疑，不同货币政策工具调控模式的有效性和弊端成为争议的焦点。因此，结合我国金融脱媒和利率市场化改革的深远变化，考察不同货币政策工具的调控绩效，对于提高我国货币政策调控的科学性、有效性和前瞻性至关重要，这也是我们所面临的紧迫而卓有意义的重要课题。

1.1.2 研究意义

第一，目前关于影子银行的研究大多集中于美国影子银行发展与2008

年金融危机的关系、影子银行对金融体系稳定性的影响以及影子银行如何监管等定性分析上，而对于影子银行的信用创造机制形成的广义流动性影响货币供给量，进而对货币政策调控形成冲击和挑战等问题的定量研究尚不充分。本书对我国影子银行规模和广义流动性进行测度，为我国金融监管部门建立和完善影子银行监管体系提供现实参考和理论依据，这对于促进我国金融体系平稳运行、促进国民经济持续、健康发展具有重要的实践指导意义。

第二，国内关于货币政策数量型工具和价格型工具调控绩效问题的实证研究大多使用广义矩方法（GMM）、向量自回归（VAR）等计量方法，属于局部均衡而非一般均衡。而新凯恩斯动态随机一般均衡（Dynamic Stochastic General Equilibrium，DSGE）模型能够较好地避免“卢卡斯批判”和动态不一致性等问题，现已成为宏观经济政策分析的主流范式，在经济预测和政策评价等领域具有较高的可靠性和可信度。本书在具有微观基础的DSGE模型框架内进行系统性、规范化地研究和分析，为比较不同货币政策工具的调控绩效提供了较为统一的理论分析框架。在不同货币政策工具的调控模式下，关于货币政策传导机制的设定尽可能符合实际情况，使得理论模型更加全面、深入和贴近现实。而且，使用涵盖完整经济周期的近二十年经济金融数据进行实证分析，以反映我国经济金融环境的最新变化，从而使结论具有现实指导意义。

第三，货币政策工具是中央银行货币政策实施中不可或缺的核心环节，对中央银行货币政策最终目标的实现发挥着重要作用。考察货币政策工具是否有效，即考察所使用的货币政策工具能否对实际经济变量产生影响，进而达到中央银行所预期的宏观经济调整目标。本书在金融脱媒和利率市场化改革的背景下对不同货币政策工具的调控绩效进行综合评价，这对于丰富我国中央银行货币政策的理论研究具有深远意义，对于我国未来货币政策工具的合理选择、提高货币政策调控水平、指导货币政策操作实践具有积极意义和应用价值。

1.2 研究思路与基本结构

1.2.1 研究思路

本书以金融脱媒背景下我国货币政策工具的调控绩效为主要研究线索，从理论角度对影子银行与货币政策工具、货币政策传导机制和货币政策最终目标的联系机理进行系统梳理和综合评价，揭示了影子银行的发展壮大对货币政策调控带来的新问题和新挑战。并针对我国影子银行的特殊性，对我国影子银行规模进行测度，进而估计了我国广义流动性的规模。同时，本书将我国利率市场化改革作为辅助研究线索，分析了利率市场化改革对货币政策有效性的影响，回顾了我国利率市场化改革的历史进程和各阶段的特点，并基于我国广义流动性规模测度了我国的均衡利率水平。在此基础上，本书利用动态随机一般均衡（DSGE）模型的经典框架——SW（2003），构建了我国基于广义货币供给量M2的货币政策数量型工具调控绩效分析模型（模型Ⅰ）、基于广义流动性的货币政策数量型工具调控绩效分析模型（模型Ⅱ），以及利率市场化背景下基于广义流动性的货币政策价格型工具调控绩效分析模型（模型Ⅲ）。进而利用贝叶斯估计和脉冲响应等方法进行政策模拟分析，通过比较模型Ⅰ和模型Ⅱ的实证结果，得出我国影子银行的出现对货币政策数量型调控工具的影响，并通过比较模型Ⅱ和模型Ⅲ的实证结果，对金融脱媒背景下货币政策数量型工具和价格型工具的调控效果进行评估。最后，根据我国实际情况提出具有针对性的政策建议。

本书的研究思路如图1－1所示。

导　论
国外研究现状
国内研究现状
国内外研究述评
机理分析
影子银行
货币政策工具
货币政策传导机制
货币政策最终目标
影响
机理分析
利率
市场化
对货币政策有效性的积极影响
对货币政策有效性的消极影响
理论框架
新凯恩斯货币政策DSGE模型框架
DSGE模型的产生和发展
新凯恩斯货币政策DSGE经典框架：SW（2003）
实证分析
我国影子银行规模测度
我国广义流动性测度
我国均衡利率测度
DSGE模型Ⅰ
基于广义货币供给量M2的货币政策数量型工具调控绩效分析模型
比较
DSGE模型Ⅱ
基于广义流动性的货币政策数量型工具调控绩效分析模型
比较
DSGE模型Ⅲ
利率市场化背景下基于广义流动性的货币政策价格型工具调控绩效分析模型
基于实证分析结果的政策建议
实证分析的主要结论
货币政策工具调控绩效比较的政策建议

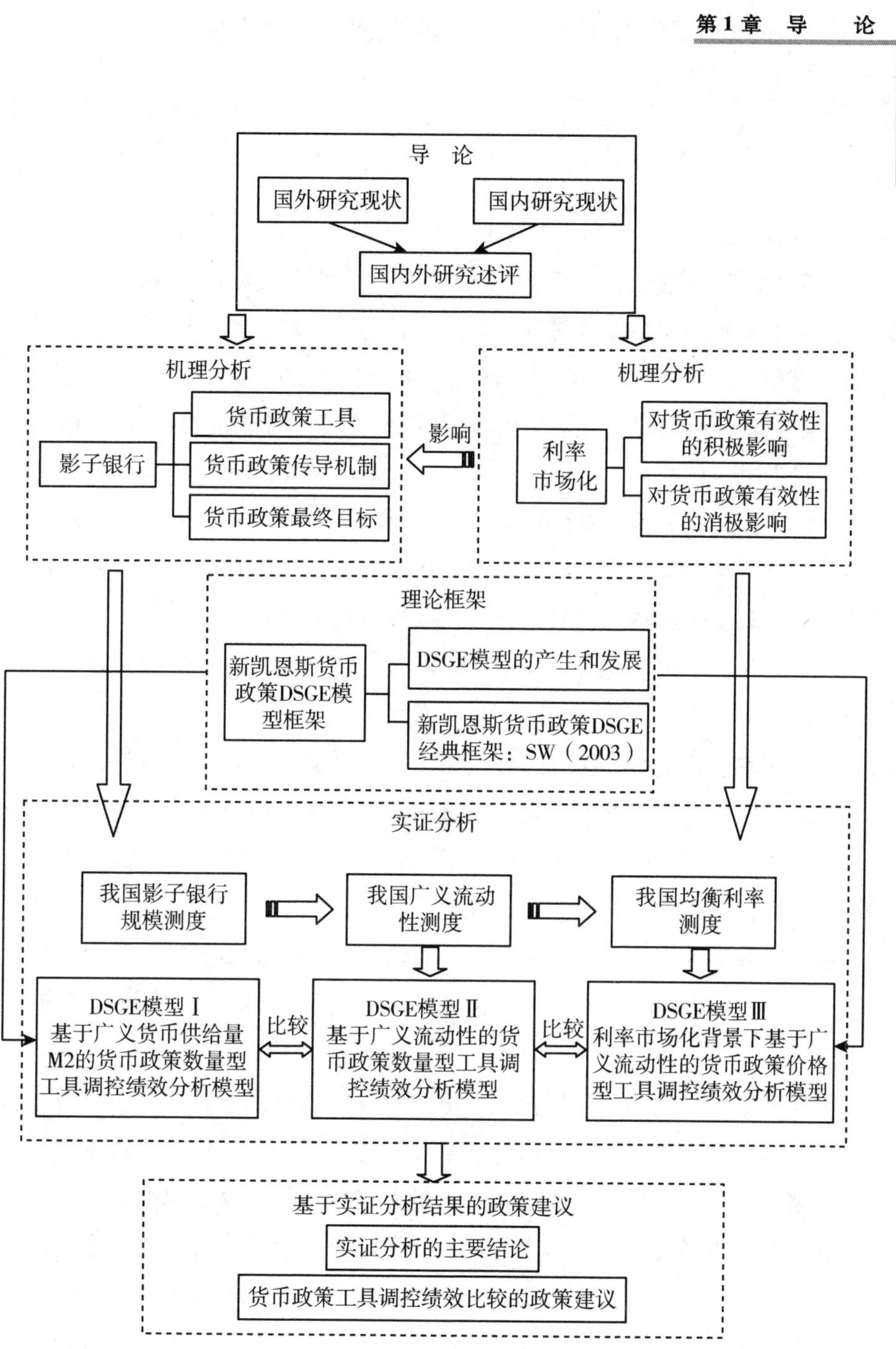

图1-1　本书的研究思路

1.2.2 基本结构

本书共分为七个章节：

第1章：导论。阐述了本书的研究背景与意义、研究思路和基本架构，总结了本书的研究方法和创新之处，并对货币政策工具、影子银行、利率市场化和DSGE模型的国内外文献进行系统梳理和简要述评。

第2章：金融脱媒背景下我国货币政策调控工具的影响因素分析。首先，对影子银行的含义进行了界定，从理论角度分析了影子银行的出现对货币政策工具、货币政策传导机制和货币政策最终目标的影响。其次，阐述了利率市场化的含义和特点，指出利率市场化改革对货币政策有效性的积极影响和负面影响。最后，对影子银行与利率市场化之间的关系进行了归纳，认为利率市场化对影子银行的资产回报率、资产质量和风险控制均具有影响。

第3章：我国影子银行的规模测度及广义流动性界定。首先，介绍了我国影子银行的产生背景、主要构成和主要特征，结合上述中国式影子银行的特殊性，对中外影子银行进行了比较。其次，利用“未观测信贷”的概念，从信贷需求（即借款人）角度，通过国民经济核算和金融统计分析的方法对我国影子银行的规模进行测算。最后，指出影子银行的信用创造功能，并在我国影子银行规模的基础上，对我国广义流动性规模进行估计。

第4章：我国利率市场化改革进程及均衡利率测度。首先，阐明我国利率市场化改革的必要性，认为利率市场化改革是我国优化资源配置、深化经济体制改革和转变经济增长方式的前提条件和客观要求。其次，回顾了我国利率市场化改革的历史进程，认为经过多年努力，我国利率市场化格局已经基本形成，但利率市场化最为关键的一步，即完全放开金融机构的存款利率和贷款利率尚未完成。最后，基于第3章对我国广义流动性的估计，利用状态空间模型对我国均衡利率水平进行了测度。

第5章：新凯恩斯货币政策DSGE模型框架。对动态随机一般均衡

（DSGE）模型的产生和发展进行了梳理，深入研究 DSGE 模型的理论基础、主要特点和估计方法。并对新凯恩斯货币政策 DSGE 模型经典框架——SW（2003）进行了详细解读，为后文实证分析奠定理论模型基础。

第 6 章：基于 DSGE 模型的我国货币政策工具调控绩效分析。首先，基于 SW（2003）构建我国货币政策工具调控绩效分析的 DSGE 模型。共设定三个模型：基于广义货币供给量 M2 的货币政策数量型工具调控绩效分析模型（模型Ⅰ）、基于广义流动性的货币政策数量型工具调控绩效分析模型（模型Ⅱ）以及利率市场化背景下基于广义流动性的货币政策价格型工具调控绩效分析模型（模型Ⅲ）。其次，利用参数校准、贝叶斯估计和脉冲响应进行政策模拟分析。通过比较模型Ⅰ和模型Ⅱ的估计结果，指出我国影子银行的出现对货币政策数量型工具调控效果的影响。并通过比较模型Ⅱ和模型Ⅲ的估计结果，指出金融脱媒背景下货币政策数量型工具和价格型工具的调控效果差异。

第 7 章：结论与政策空间。总结了本书的主要结论，并结合我国实际情况，提出具有针对性的政策建议。

1.3 文献综述

1.3.1 货币政策调控工具

1. 国外研究综述

对货币政策工具的研究起源于西方国家，并形成了一系列主流理论和模型，相关研究思路和成果能够对我们研究中国货币政策工具问题提供有益借鉴和参考。

关于货币政策工具有效性的问题，Friedman and Schwartz（1963）利用面板数据对美国货币政策进行了实证分析，认为经济存在周期性波动是由货币供给引起的，而货币供给变动是由于公开市场操作工具的运用引起的。Bernanke 和 Blinder（1988，1992）对货币政策工具的传导机制进行了系统研究，并从其传导途径出发研究了货币政策工具对宏观经济调节的有效性问题。Sylvia Kaufmann（2002）利用国内生产总值单变量模型，估计了在不同经济周期下货币政策的非对称性效果，结果表明在经济增长低于平均水平时货币政策消极效果显著，而在正常或高于平均水平时这种消极效果则不显著。Christian Pierdzioch 和 Serkan Yener（2007）的实证研究表明，货币政策冲击对产出的驼峰形效果具有以下特征：货币政策冲击对产出的影响在几个月后到达顶峰，而后逐渐消失。并认为，假设模型具有“攀比赶超”效果，那么货币政策冲击对产出的驼峰状影响可能导致企业市场定价行为的不一致和国际金融市场一体化的不完善。Marco Raberto，Andrea Teglio 和 Silvano Cincotti（2008）利用基于代理的实体、金融和货币经济集合模型对货币政策操作进行实验，研究了货币政策松紧度不同对经济造成的影响。研究结果表明，在货币政策和随机政策架构类似的情况下，从紧的货币政策效果优于随机政策，从而证实了货币政策在抑制通胀和增加社会福利方面具有有效性。Frederic S. Mishkin（2009）的研究认为，危机时期的货币政策效果反而比正常时期更加显著。这是因为，货币政策不仅可以通过常规和非常规的货币政策工具防止经济过度下滑，还可以在金融市场开始恢复时及时给予快速反应。

关于货币政策工具规则的问题，弗里德曼（1959）主张采用“单一规则”的货币政策规则，即无论经济出现什么情况，货币当局都应保持固定的货币增长率，从而实现经济稳定增长。Kydland & Prescott（1977）率先将“时间非一致性”概念引入宏观经济学，认为政策当局在 t 时期制定的最优政策，在 t + n 期就未必是最优的。这与政策当局的承诺机制有关，从而引发了新一轮“规则与相机抉择”之争。McCallum（1988）提出著名的 McCallum 规则，即以基础货币作为货币政策工具，根据名义收入的实际增长率和目标潜在增长率之间的偏差对基础货币进行调控。Taylor（1993）研究了美国、英国和加拿大等国的货币政策实践，研究结果表明在各种影响物价和经济增长率的因素中，实际利率是唯一能够与物价和经济增长保持长期稳定相关关系的变量，由此提出了利率作为货币政策工具的简单规则，即原始“泰勒规则”。Clarida，Gali 和 Gertler（1999）在原始泰勒规则中加入对未来 k 期通货膨胀率的预测，率先提出了前瞻性泰勒规则（Inflation-Forward Base Rule）。Benassy（2006）利用动态随机一般均衡模型得到最优利率规则，发现利率工具对通货膨胀的反应弹性与模型中的价格黏性程度、潜在冲击的自相关性以及通货膨胀指标的选取均有关系。

关于货币政策工具选择的问题，Pierpaolo Benigno（2002）建立了两地区一般均衡模型，认为一个地区的货币政策工具选择应与该地区的经济规模相配合，针对该地区的通胀率水平和贸易条件加权平均，从而找出最优货币政策工具。Krieger Sandra（2002）对美国公开市场操作和市场利率进行了分析研究，结果表明市场利率对公开市场操作具有很强的依赖性。Bruce McGougha，Glenn D. Rudebusehb 和 John C. Williams（2005）认为，将短期利率作为货币政策工具会产生零约束限制问题，可以将长期利率作为货币政策工具以解决这个问题。Andrew Atkeson，V. V. Chari 和 Patrick J. Kehoe（2007）认为与货币供应量和汇率相比，利率具有内生性这一优势。价格型工具比数量型工具更加透明，而最好的价格型工具是利率，其次是汇率，这一结论无论在发达国家还是发展中国家均成立。Rajesh Singh（2008）研究了小型开放经济中冲击如何影响货币政策工具选择，认为在效率或流通速度的冲击下，通货膨胀率应在选择中占主导；而在财政冲击下，货币供应量目标应在选择中占主导。Castro（2011）认为货币当局的政策行为应采用前瞻性的非线性泰勒规则或是线性规则，其研究结论表明非线性泰勒规则可以更好地解释欧洲央行的实践，但美联储的行为用线性泰勒规则就能很好地描述。Barthelemy 等（2011）的研究表明，以往的研究在很大程度上忽略了采用通货膨胀目标制的中央银行和新近发展的新凯恩斯模型下的货币和信贷。他们构建的 DSGE 模型表明，货币供应量对欧元区的经济周期具有重要影响，并建议央行把货币供应量作为货币政策的一个维度，并提出以 M3 作为货币供应量的指标。Michael T. Belongia & Peter N. Ireland（2012）认为在过去的25年里，大量研究表明利率已成为货币政策规则的核心。然而，美联储近期推出的

"量化宽松"货币政策似乎与这一结论彻底决裂，他们质疑了当前只考虑利率，而忽视货币供应量的做法，认为货币供应量作为中间目标或指标变量时能够发挥作用，并对利率和货币在货币政策中的重要程度进行了重新度量。

2. 国内研究综述

关于货币政策工具的有效性问题，巴曙松（2000）认为当前我国货币政策工具的有效性不足，而其主要原因是我国经济体系中还存在诸多问题，如金融结构、银行存在大量不良资产等。谭速、党印（2008）在流动性过剩背景下考察了我国货币政策工具的有效性问题，研究发现法定存款准备金率的政策效果最明显，其次为存贷款基准利率和公开市场业务。韩梅（2009）的研究发现，在正常时期内公开市场操作对中介目标产生的效应最大，而在金融危机等特定时期，法定存款准备金率的作用最为明显。耿强、樊京京（2009）认为，我国货币政策工具调控宏观经济有效性减弱的原因有两个：一是我国国有企业在国民经济中占有主导地位；二是近年来私营企业、外资企业和其他非国有企业对经济增长的贡献增大。因此，提高我国货币政策工具实际效果的唯一途径是利率市场化和国有企业改革。冯全民（2010）分析了当前我国再贴现利率失效的原因，并对如何完善和改进我国再贴现利率形成机制提出了对策建议。

关于货币政策工具选择的研究，陈飞、赵听东、高铁梅（2002）利用GDP及相关货币政策工具变量，通过VAR模型的脉冲响应函数验证了凯恩斯主义货币传导机制的正确性。并利用方差分解考察了货币政策工具变量冲击对GDP的影响及贡献率，认为货币供应量是货币传导机制中的重要变量。徐艳、何泽荣（2005）探讨了开放经济条件下的货币政策工具，认为货币政策应该是由货币数量政策和货币价格政策（利率政策和汇率政策）组成的、对宏观经济进行控制和调节的系统。而且，货币政策对经济资源的调节和配置作用不仅通过货币的"数量信号"传递，还通过货币的"价格信号"传递，甚至是通过两者的混合信号传递，进一步分析了"米德冲突"等开放经济下货币政策的内在矛盾。李南成（2005）认为，合理选择货币政策工具才能更好地控制基础货币和货币供应量。通过建立向量自回归模型，并运用脉冲响应函数和方差分解等方法，他分析了货币政策冲击作用下被冲击的目标变量和经济变量的变动，并比较了不同货币政策工具的效应：再贷款和外汇占款对基础货币的影响较为显著，而存款准备金率的影响较弱。卢庆杰（2007）认为，与发达国家相比，我国货币政策工具的运用仍存在问题，如准备金率和公开市场操作都存在一定的局限性、利率尚未市场化也影响了利率工具的使用效果等。各种货币政策工具需要综合考虑才能最有效地运用。王晓明、施海松（2008）建立VAR模型分析了资产价格对不同货币政策工具冲击的响应，发现贷款调控资产价格的作用最强，其次为货币供应量和利率。何凌云、刘传哲、史国庆（2009）利用状态空间模型对我国货币政策工具的时变效率进行研究，认为我国货币政策工具的效率不高。其中，利率和外汇占款的整体作用效率较高，而再贷款和准备金率的作用效率低，而且变动不稳定。张代强（2010）分别构建了前瞻性货币政策数量规则和价格型规则，在此基础上构建LSTVAR模型，应用脉冲响应函数比较两种规则的有效性。结果表明，在维护物价稳定方面数量规则显著有效于价格型规则，价格型规则在降低产出波动和维持通货膨胀方面的表现并不是十分有效，并提出可以通过推动利率市场化改革增强价格型规则的有效性。姚余栋、李宏瑾（2011）分析了货币政策数量型工具和价格型工具的可行性与局限性，认为央行要灵活务实地使用货币政策工具，并提出循序渐进地向货币政策价格型工具过渡的具体步骤。马文涛（2011）构建了封闭条件下包含金融加速器的DSGE模型，从货币政策的冲击效应、非政策冲击下宏观经济波动幅度以及中央银行损失函数三个方面对比了价格型工具和数量型工具的调控绩效，结果表明价格型工具调控绩效优于数量型工具，因此，建议中央银行更加积极地运用利率工具以更有效地控制通货膨胀和实际产出波动，促进经济稳定发展。张杰平（2012）构建了开放条件下的DSGE模型，结果表明，相比单一使用货币供应量规则或利率规则，混合规则下货币政策能够产生较小的产出缺口和通货膨胀水平，因此，我国更适合采用混合的货币政策规则。

1.3.2 影子银行

1. 国外研究综述

国外对影子银行的研究始于美国次贷危机，在此之前，影子银行在学术界并未受到过多关注。

关于影子银行定义的研究，Paul McCauley于2007年9月首次提出“影子银行”一词，此后，一些学者还将其称为“平行银行体系（parallel banking system）”（Pozasal，2010）或“准实体银行（near-bank entities）”（IMF，2008）。Krugman（2009）指出，所有承诺存款人可随时提取资金但又将大部分存款投资到无法立即变现的资产上的金融安排都是银行，并同意盖特纳的“平行金融系统”概念。Tucker（2010）认为，影子银行体系是指为金融系统提供流动性、期限配合和提高杠杆率等服务，从而在不同程度上复制商业银行核心功能的工具、结构、企业或市场。美国金融稳定监管委员会（FSOC，2011）尝试从三个层面对影子银行进行描述：第一，从广义上说，影子银行体系是指存在于传统银行体系外的另一个信用中介体系；第二，在整个信用中介体系中影子银行具有相对较大的协同性风险和信用风险，即影子银行体系比传统银行体系具有更高的风险和收益；第三，影子银行还具有流动性转换和期限错配等功能。Bernanke（2012）认为，影子银行是指至少部分游离于传统银行体系之外的，由一些机构、工具和市场组合而成的信用中介。

关于影子银行运行机制的研究，Tobias Adrian（2009）指出，影子银行为银行系统和资本市场的对接提供了通道，但其期限错配和高杠杆的属性加剧了金融体系的脆弱性。虽然影子银行不是导致2008年金融危机的直接原因，但是影子银行缺乏限制的高杠杆经营行为实际上对金融危机的发展和蔓延起到了推波助澜的作用。Turner（2009）研究发现，影子银行主要采用期限错配的经营方式，改变了传统商业银行对现金流和风险的管理方法，其流动性风险陡然上升，增加了金融市场的不稳定。

Gary Gorton 和 Andrew Metrick（2010）认为，广义影子银行系统包括投资银行、传统的回购协议、货币市场基金、按揭贷款经纪公司以及资产支持证券、抵押担保债务、资产支持商业票据等。Zoltan Pozsar，Tobias Adrian，Adam Ashcraft 和 Hayley Boesky（2010）认为影子银行属于金融中介部门，它主要包含三类：官方隐含提升的信用中介、官方间接提升的信用中介以及非官方提升的信用中介。它们分别具有与商业银行类似的流动性转换、信用转换及期限转换的职能。Gorton（2010）将影子银行划分为“政府支持型影子银行”“内部型影子银行”以及“外部型影子银行”三大影子银行子系统。其中，政府支持型影子银行包括美国联邦住房贷款银行系统、房地美和房利美；内部型影子银行与银行处于相同金融控股公司框架之中，从而可以间接获取银行机构资金支持，从事监管较弱的非银行信用中介相关活动；外部型影子银行是独立于商业银行、不受监管或监管极弱的专业化非银行信用中介活动。Fabio Verona（2011）通过对次贷危机的研究，利用一般均衡模型得出了长期宽松的货币政策促进了影子银行发展的结论。Andrew Sheng（2011）提出将 M5 作为新的货币供应量衡量标准，M5 = M2 + 影子银行体系，并通过大量实证数据证明了影子银行的确加大了货币政策制定和执行的难度，增加了系统性风险。

关于影子银行监管的研究，国外学者一般都认为应当加强监管，但对于监管方式存在一定分歧。Frogman（2008，2009）认为，影子银行依靠极为复杂的金融产品设计和结构组合，规避了常规性金融监管。但影子银行发挥着与传统商业银行相似的功能，在危机中也与传统商业银行一样接受了政府救助，因此理应受到与传统商业银行相同严厉程度的监管。Stein（2010）反对用“一刀切”的方式对影子银行进行风险资本监管，他认为对于存在信用风险敞口的金融机构均采用风险资本监控指标体系，困难很大且不现实。因此，政府应当对资产支持证券的发行和交易进行监管，对影子银行设计的所谓无风险或低风险产品的风险性进行客观评估和严加管制。Poser（2010）认为，应当着重从业务和功能两方面对影子银行进行监管，同时加强监管机构之间的协调；应建立混业经营模式下大一统的监管模式，以提高监管水平。Plantain（2012）构造了一个将所有影子银行参与主体包含在内的数量模型，并将影子银行的行为区分为可观测和不可观测两种情况。实证结果表明，加强银行资本监管确实可以降低银行倒闭或危机给经济体带来的负外部性。但如果不对影子银行体系进行统一监管，那么传统银行体系会通过影子银行进行监管套利，从而对传统银行体系的监管效果也会大打折扣。

2. 国内研究综述

关于影子银行定义和特征的研究，巴曙松（2009）将影子银行的特征归纳为以下三点：批发式交易模式、产品交易结构极其复杂和杠杆率高。何德旭等（2009）对美国影子银行体系的特征进行了归纳：一是美国影子银行的资产规模占比快速提高；二是美国影子银行体系颠覆了传统金融体系的业务模式，由零售模式转换为批发模式，这在某种程度上提高了金融效率，但信息不对称也使其成为金融风险的集聚地；三是美国影子银行杠杆率过高；四是美国影子银行体系的产品设计非常繁杂，无法进行有效的信息披露；五是美国影子银行体系并未受到有效监管。周小川（2010）认为，影子银行系统主要包括对冲基金、私募股权基金（PE）、特殊目的公司实体（SIV）等，而我国的影子银行主要包括私募股权基金、银信理财合作及其投资公司、私募投资基金、民间借贷等。龚明华、张晓朴等（2011）扩展了影子银行的定义，认为资产和运作游离于商业银行资产负债表之外，但与商业银行之间缺乏有效防火墙的业务机构和行为均属于影子银行。钟伟（2012）认为，若从机构角度对影子银行进行分类，主要包括四类：证券化机构；证券经纪公司和结构化投资机构；债券保险公司和货币市场基金等机构；私募股权基金和对冲基金等。若按功能进行分类，既包含那些已被列为影子银行的机构，也包含提供影子银行业务或使用影子银行方法的传统银行。

关于影子银行运作机制的研究，李波、伍戈（2011）对影子银行的信用创造过程进行了研究，认为与传统银行体系相比，影子银行具有更强的信用创造功能，且影子银行不直接创造狭义的流动性货币资产，而是创造广义的、具有流动性的各种金融产品。且影子银行通过金融稳定渠道影响货币政策，使得货币政策效果大打折扣，增加了货币政策调控的难度。李杨（2011）认为，影子银行严重削弱了人民银行的货币调控功能，且影子银行通过提供金融市场流动性和发展交易性活动发挥货币供给的作用，但对货币当局的货币存量没有显著影响。毛泽盛、万亚兰（2012）对我国影子银行规模进行了测算，并利用1992～2000年的年度数据研究了影子银行规模与其系统稳定性之间的阈值效应。结果表明，当影子银行规模高于阈值时，会降低其系统稳定性；低于其阈值时，有利于提高其系统稳定性。陈剑、张晓龙（2012）基于2000～2011年的季度数据，分析了影子银行对我国经济发展的影响。实证结果表明，影子银行解决了部分中小企业融资难的问题，而当遇到经济下滑或发生违约事件时，其对经济的负面冲击可能非常大。在货币政策方面，影子银行对央行制定的贷款规模限制和利率监控等造成很大的影响。陈剑等（2012）将委托贷款和信托贷款总量作为影子银行规模的度量，研究了影子银行与货币发行量之间的关系，结果表明，影子银行将影响货币供应量的增长，并对我国货币政策执行具有非预期性作用。当人民银行收紧货币供应量时，影子银行系统将迅速发展。中国人民银行杭州中心支行课题组（2012）通过对浙江杭州地区影子银行产品的分析，指出影子银行具有明显削弱存款准备金政策的作用，同时能够影响我国货币政策中介目标的有效性。陈剑、张小龙（2012）利用短期约束的SVAR模型分析了影子银行对我国经济增长、通货膨胀以及货币供给量的冲击，发现影子银行的发展对经济增长具有促进作用，但会提高货币供给量，且对通货膨胀无显著影响。张磊（2012）认为，影子银行存在规避信贷规模管制、地下金融潜行、资金链断裂等乱象，扰乱了我国货币政策改革的步伐，减弱了传统数量调控工具的效力，降低了货币政策中间目标的可测性、可控性，阻碍了我国货币政策目标的实现。骆振心、冯科（2012）认为，影子银行的货币政策传导机制是指通过信用创造增加信贷供给，扩大货币供应量，使货币供应量出现偏离，从而影响货币政策调控。强培铮（2012）认为，影子银行体系影响货币政策传导的最主要因素是风险因素，通过利率变化影响金融中介部门的资产，进而影响风险价格，最终影响信贷质量。巴曙松（2013）指出，判别影子银行的核心要素是引导因素和环节、高杠杆和显著的期限错配，而国内影子银行尚不具备上述必备条件。

关于影子银行监管的研究，李建军、田光宁（2011）认为，国内影子银行监管顶层设计的基本框架应当是统一监管职能，组建专门的影子银行监管协作机构，由人民银行牵头，证监会、银监会、保监会、各地方金融办公室共同参与的影子银行监管协作委员会，对影子银行的机构和业务进行风险监测、信用控制、产品监测、违规惩处等，以此形成特有的传统金融监管和影子银行监管的双元制监管模式。周莉萍（2012）梳理了主要发达国家对影子银行监管的思路和措施，认为虽然欧美等国对影子银行监管的侧重点有所不同，但均未禁止影子银行的活动，而只是从监管角度提出一些非强制性建议。朱孟楠、叶芳等（2012）对各国影子银行的监管思路进行了梳理，并通过实证检验得出以下结论，即在存在影子银行的情况下，对传统商业银行过强的资本监管要求可能会促使传统商业银行与影子银行协同进行监管套利，侧面鼓励了影子银行的发展，因此，应当对影子银行实行监管。中国人民银行杭州中心支行课题组（2012）认为，期限错配使得影子银行易于出现高度的流动性风险，且影子银行与传统商业银行的高度关联性也可能蕴含较高的系统性风险，因此，应对影子银行体系实施宏观审慎监管与微观审慎管理的协调监管方式，并强化影子银行的信息公开披露制度和内控管理制度。

1.3.3 利率市场化

1. 国外研究综述

利率自由化思想的早期萌芽在古典经济学形成时期就已出现，如威廉·配第认为，利率不应由国家法律决定，而应由货币供求关系决定。而且，如果国家制定的法律违反了自然法则，则它对利率将不起作用。1973年，R. J. Mckinnon 和 E. S. Show 提出了“金融深化理论”，利率研究首次转向发展中国家。他们提出了金融抑制和金融深化模型，认为发展中国家的利率管制造成“金融抑制”，从而降低金融中介的效率并阻碍经济增长。

而且，发展中国家不能单纯依靠储蓄来实现初始积累，而应根据各自国情，通过逐步实现利率市场化来实现。实际上，金融深化理论的核心是利率市场化。此后，大量文献集中于发展中国家金融自由化和利率市场化问题的研究，使其逐步成为学术界对利率问题研究的主流。金融深化理论极大地触动了发展中国家，在国际货币基金组织（IMF）等机构的推动下，南美、东南亚等地许多发展中国家开始实施金融自由化改革，而改革重点便是放松利率管制。Gupta 和 Lensink（2010）在外资流入的背景下考察了利率市场化对资本市场的影响，他们检验了利率弹性，并分析了利率变化对资本市场财富效应的影响，以便更好地检验利率市场化的成果。Gupta 和 Lensink（2012）认为，在开放经济、非正规金融市场相结合的条件下，由于实物资本积累依赖于私人投资，实际上消耗了一部分私人部门积累，进而降低了物价上涨的可能性。因此，如果此时取消利率管制，政府信贷需求对私人投资的挤出效应不一定成立，私人可贷资金不变，最终资金流向投资领域。

2. 国内研究综述

关于对利率市场化界定的研究，李社环（2000）从过程化视角出发对利率市场化进行了剖析，他认为利率体制和利率决定机制是一个不断变迁的过程，在此过程中，市场对利率的调节作用越来越突出，而政府对利率的直接干预越来越少，最终利率将如实反映资金供求的均衡状态。刘利（2001）从减少行政干预和增强市场竞争的两个层面解读了利率市场化过程。他认为实现利率市场化一方面需要政府放松对生产要素自由流动的限制，另一方面需要创新性的金融产品来增强市场中生产要素的流动性，从而达到资源合理配置的目的。刘义圣（2002）强调资金市场供求关系在利率市场化改革中的重要作用，认为中央银行应逐步释放利率决定权，这样才能令市场在竞争中形成均衡状态的利率水平，但中央银行可以通过再贴现和再贷款等货币政策工具间接调控利率水平。

关于我国利率市场化实践的研究，饶余庆（1990）梳理了我国实行金融自由化改革以前的金融环境和金融系统，指出我国国有化的金融机构、严格管制的金融系统、利率与汇率的非均衡状态等均体现了强烈的金融抑制色彩。樊卫东（2002）从正规制度和非正规制度两个层面分析了我国利率市场化改革的进程和状态，阐述了我国利率市场化改革与我国经济体制改革之间的内在逻辑，并从宏观、中观和微观三个层面分析了我国利率市场化改革的条件和可能遇到的困难。并认为我国一旦实现了利率市场化，将在经济领域获得巨大收益，带来长远发展。钱小安（2003）指出了1994年以来我国利率市场化改革引发的突出矛盾以及深化利率市场化改革所面临的现实约束，并提出循序渐进的利率市场化改革步骤，主要包括三方面内容：率先在农村金融市场推行利率市场化改革；在城市金融机构中扩大贷款利率浮动范围；在城市金融机构中推行存款利率浮动机制。李扬（2003）认为利率市场化改革主要包括以下四个重点：第一，利率市场化的实质是融资活动风险定价机制的变革，其最终目标是使利率水平、利率风险结构和期限结构由资金供求双方在市场上通过竞争来决定。第二，由于融资活动多种多样而且种类日趋增多，故融资定价机制的改革必然从一个或几个融资领域发展到另一个或几个融资领域，表现为一个逐步推进的过程。因此，在相当长的时期内，利率"双轨"制不可避免。第三，在多样化的利率体系中，各种利率彼此联系且相互影响。因此，需要通过促进货币市场的发展来完善基准利率的形成机制。第四，宏观经济理论和各国宏观经济调控的实践已证明，由市场放任自流决定的利率水平并不能自动保证国民经济达成稳定增长和充分就业，因此，在任何情况下货币当局都必须保持对利率的调控权。李扬（2004）在肯定我国利率市场化改革取得显著成果的同时，指出了我国深化利率市场化改革所面临的困难。他认为，从宏观层面上看，不完善的调控机制是影响利率市场化改革进程的重要因素。同时，货币政策中介目标中存在的缺陷以及基准利率缺失等问题也同样亟待解决。高云峰（2004）认为，我国利率水平被长期人为控制在较低水平，使得利率机制无法起到合理配置社会资金的价格杠杆调节作用，因而导致市场机制无法发挥应有的调配作用。然而，由于我国宏观经济的市场化程度不高等客观条件的限制，导致我国利率市场化目标的实现尚需较长时日。易纲（2009）回顾了我国改革开放三十多年来的利率市场化改革进程，认为利率市场化改革的首要任务是放松利率管制，逐渐建立金融机构自主定价机制。并建立了短期和中长期相结合的综合利率体系，其中上海银行间同业拆借利率（SHIBOR）已成为我国可供参考的短期利率基准，为制定短期利率提供参考，同时国债收益率则为制定我国中长期利率提供参考。谢平等人（2009）以此次金融危机为背景，梳理了我国近三十年的金融改革历程，他们肯定了过去十余年间我国利率市场化改革取得的显著成果，并考察了目前中央银行利率体系和客户利率体系在传导机制中存在的问题，最后提出了以逐步放松贷款利差控制进一步深化我国利率市场化改革的政策建议。黄金老（2011）认为，“十二五”期间我国将通过债务工具及其利率市场化的发展来促进存贷款利率的市场化目标，以此作为利率市场化改革的路径。同时，他认为银行体系应从产权改革、治理机制、质量管理和人力资源等方面进行积极调整，以应对利率市场化改革带来的冲击。周冰（2012）提出了利率市场化改革的三种模式，指出我国利率市场化改革属于政府渐进型模式，并针对我国利率市场化改革的不断深入，指出我国商业银行要加强危机意识、增强业务能力。同时，基于利率市场化对经济的影响，阐述了我国进行利率市场化改革的必要性。

1.3.4 DSGE 模型

DSGE 模型以微观和宏观经济理论为基础，采用动态优化方法考察各经济主体的行为决策，充分体现了宏观经济模型的整体性、严谨性和完美性。因此，DSGE 模型已经成为宏观经济分析的主流分析工具，尤其在经济波动、宏观经济政策分析以及汇率市场、资产市场与货币市场的关系等研究领域得到广泛应用。

1. 经济波动分析

RBC 理论是 DSGE 模型的理论基础之一，因此，DSGE 模型在经济波动研究领域得到广泛应用，主要是通过预测误差的方差分解来分析外生随机冲击对宏观经济波动的贡献。Kydland 和 Prescott（1982）、Kim（2000）、Ireland（2001）、黄赜琳（2006）、李春吉和孟晓宏（2006）、Dedola 和

Neri（2007）、徐高（2008）以及 Mertens（2010）等运用 DSGE 模型研究了宏观经济波动性问题，认为技术冲击是导致产出等宏观经济变量波动的主要原因。但也有学者认为，技术以外的其他因素是经济波动的主要原因。例如，Adolfion（2007）运用开放经济 DSGE 模型，认为货币政策冲击是通胀波动的主要因素，且技术、偏好、劳动供给冲击解释了产出波动的大部分。Bernanke et al.（1999）、Gertler et al.（2003）、Christensen 和 Dib（2008）以及刘斌（2008）等将金融市场摩擦纳入 DSGE 研究框架（即金融加速器模型），考察了金融市场摩擦对经济波动的影响。Sugo 和 Ueda（2008）认为，投资调整成本冲击是造成日本经济波动的主要原因。Collard et al.（2009）认为，不完全信息是造成经济波动的主要原因。王君斌和王文甫（2010）构建了一个具有劳动市场摩擦的 DSGE 模型，用于讨论技术冲击与非技术冲击对我国劳动就业的影响，其研究结果认为非技术冲击对劳动就业波动的影响更大。

2. 宏观经济政策分析

DSGE 模型可以解释导致经济波动的主要原因、宏观经济变量在特定冲击下的动态路径以及政策制定者如何针对扰动设计政策工具等问题，因此，适合用于宏观经济政策分析，故越来越多地被货币当局所采用。在宏观经济政策分析中，DSGE 模型主要用于以下三个方面：一是关于宏观经济政策有效性的研究；二是关于最优货币政策规则的研究；三是关于货币政策传导机制的研究。

关于宏观经济政策有效性的研究，目前各国学者的研究结论较为一致，均认为货币政策对产出等实际经济变量具有真实效应。例如，Kollmann（2001）假定名义价格和名义工资具有刚性，并建立了小型开放经济 DSGE 模型，结果表明，正的国内货币供给冲击导致本国利率下降、GDP 上升、名义汇率和实际汇率贬值。Christiano et al.（2008）利用包含金融市场摩擦的 DSGE 模型进行分析，认为由于欧洲央行货币政策持久性比美联储强、美国和欧洲地区受到不同的外部冲击以及美国工资和价格的弹性比欧洲地区大等原因，导致 2001 年全球经济衰退期间，欧洲央行政策调整幅度比美联储小。Atta-Mensah et al.（2008）采用具有价格黏性的 DSGE

模型分析，认为，在前瞻性通胀目标制的货币政策规则下，即使假定价格具有完全弹性，货币政策仍通过信贷传导，而且在中短期内生信贷冲击对产出、通胀和名义利率的波动影响很大。

关于最优货币政策规则的研究，DSGE 模型中的行为方程建立在最优化基础之上，这与福利分析的基础相一致。给定一种冲击，以代表性家庭的福利反映整个社会的福利，通过比较不同政策规则的福利结果，对最优货币政策进行研究。具体而言，有些学者利用 DSGE 模型对通货膨胀目标制规则进行了研究，如 Clarida et al. （2000）、Huang 和 Liu （2005）、Chung et al. （2007）、Marzo （2009）、Lees 和 Warburton （2010）、Sanchez （2010） 以及 Kara （2010） 等。其中，Clarida et al. （2000） 认为通货膨胀目标制规则比较适合美国和欧洲地区。Chung et al. （2007） 检验了小国开放经济的最优货币政策，结果表明，即使汇率不完全传递并存在成本推动冲击，对韩国而言通货膨胀目标的货币规则仍是最优的。对利率规则的研究有 Kollmann （2002）、Faia 和 Monacelli （2007）、Zhang （2009）、Liu 和 Zhang （2010） 以及贺云松 （2010） 等。其中，Kollmann （2002） 认为泰勒规则能够保证通胀稳定，但会增大名义汇率和实际汇率的波动性。Zhang （2009） 利用 DSGE 模型比较分析了货币供应量规则和利率规则，结果表明，利率规则比货币供应量规则有效。Liu 和 Zhang （2010） 的进一步研究表明，货币供应量规则和利率规则的混合使用比单一规则有效。贺云松 （2010） 利用新凯恩斯 DSGE 框架分析了当期型、前瞻型和后顾型三种利率规则的福利效应。

关于货币政策传导机制的研究，Christiano et al. （2005）、Ravenna & Walsh （2006）、Rabanal （2007）、Hulsewig （2009） 等对货币政策传导的成本渠道进行了研究。其中，Christiano et al. （2005） 以及 Ravenna 和 Walsh （2006） 的研究表明，货币政策传导的成本渠道确实存在，而 Rabanal （2007） 的研究结论刚好相反。Hiilsewig （2009） 利用新凯恩斯 DSGE 模型，考察银行在货币政策传导的成本渠道中的作用，并认为成本渠道使得通货膨胀对货币政策冲击的响应更加持久。李松华 （2009a，2009b） 分别采用贝叶斯估计与极大似然估计方法检验了中国货币政策传导的货币供应量渠道和利率渠道的存在性，并详细阐释了货币政策如何通过这两个渠道影响产出、消费和投资等实际经济变量。

3. 汇率市场、资产市场与货币市场的关系研究

关于汇率市场与货币市场关系的研究包括 Gali 和 Monacelli（2005）、Lubik 和 Schorfheide（2007）、Bouakez 和 Normandin（2010）、Furlani et al.（2010）以及 Pavasuthipaisit（2010）等。其中 Lubik 和 Schorfheide（2007）扩展了 Gali 和 Monacelli（2005）的小型开放经济 DSGE 模型，考察了加拿大、澳大利亚、英国和新西兰的汇率波动与利率规则的关系，其研究结果表明只有加拿大和英国的利率对汇率波动反应系数是敏感的。Furlani et al.（2010）也扩展了 Gali 和 Monacdli（2005）的研究，考察了巴西汇率波动对利率的影响，并认为汇率波动不是导致利率变化的直接原因。

关于资产市场与货币市场关系的研究包括 Kontonikas 和 loannidis（2005）、Disyatat（2010）、Beltratti 和 Morana（2010）、Disyatat（2010）以及 Castelnuovo & Nisticd（2010）等。其中 Kontonikas 和 Loannidis（2005）研究了资产价格与货币政策的关系，其研究结果表明在通胀目标制和泰勒规则下，包含资产价格波动的利率规则可以减少宏观经济波动。Beltratti & Morana（2010）研究了 G7 国家房地产市场与宏观经济之间的关系，认为无论是实际变量还是名义变量，无论是股票价格还是房地产价格，美国都是全球经济波动的主要根源。Castelnuovo 和 Nistice（2010）研究了美国股票市场与货币政策的相互作用，并认为股票价格对美国实体经济波动的作用很大。

综上所述，中央银行货币政策工具的选择问题，无论从理论角度还是从实际角度均具有高度的研究价值。国外文献对该问题已经进行了大量研究，并逐渐由定性分析向定量分析转变，认为两类货币政策工具各有优势和局限性。国内文献对该问题的研究偏重于利用国外学者的研究理论来验证我国货币政策工具的实施效果，仅有少数文献对我国货币政策工具的有效性进行了实证研究，考虑到我国经济运行实际情况而对货币政策工具选择进行深入研究的文献就更少了。实际上，我国影子银行规模的不断扩大以及利率市场化改革的不断深入，对货币政策的运行环境、传导机制、调

控手段和调控目标都产生了重要影响。综合考虑上述两种影响因素，并在较为完整和统一的 DSGE 模型框架下定量考察货币政策数量型工具和价格型工具孰优孰劣的问题，正是本书的研究空间。

1.4 研究方法与创新之处

1.4.1 研究方法

本书主要采用金融理论分析与统计计量分析相结合的方法。大量经济问题的论证说明都是建立在充分数据化的基础之上，在经济研究中定性分析与定量分析相结合是经济学发展的必然要求。本书对影子银行的出现和利率市场化改革对货币政策工具、货币政策传导和货币政策最终目标的影响进行定性分析，并在此基础上，利用国民经济核算和金融统计分析的方法对我国影子银行的规模进行测算；利用状态空间模型测度了我国均衡利率水平；构建我国货币政策工具调控绩效分析的 DSGE 模型，并利用参数校准、贝叶斯估计和脉冲响应等方法进行实证估计和政策模拟分析，从中得出了许多有益的结论。

1.4.2 创新之处

本书的创新之处在于：

第一，从研究视角来看，本书在金融脱媒背景下研究我国货币政策工具的调控效果，将影子银行的出现影响货币政策工具调控效果作为主要线索，并结合我国利率市场化改革不断深入的实际情况，将利率市场化改革影响货币政策工具调控效果作为辅助线索。与以往研究中采用广义货币供给量 M2 和一年期基准利率作为货币政策工具的代表不同，本书在金融脱媒背景下，将考虑影子银行规模在内的广义流动性和均衡利率水平作为货币政策数量型工具和价格型工具的主要代表，更加贴合我国实际，实证分析也更具现实意义。

第二，本书基于中国式影子银行的特殊性，利用“未观测信贷”的概念，从信贷需求（即借款人）角度，通过国民经济核算和金融统计分析的方法对我国影子银行的规模进行测算。由于影子银行具有信用创造的功能，本书借鉴 Andrew Sheng（2011）对 M5 的界定，基于我国影子银行规模对我国的广义流动性进行了估计。

第三，目前我国利率市场化改革的基本格局已初步形成。本书将广义流动性作为我国货币供给的替代变量，利用状态空间模型估计了利率市场化背景下我国基于广义流动性的均衡利率水平。

第四，为比较货币政策数量型工具和价格型工具的调控绩效，本书基于 DSGE 模型经典框架——SW（2003）构建以下三个模型：基于广义货币供给量 M2 的货币政策数量型工具调控绩效分析模型（模型Ⅰ）、基于广义流动性的货币政策数量型工具调控绩效分析模型（模型Ⅱ）以及利率市场化背景下基于广义流动性的货币政策价格型工具调控绩效分析模型（模型Ⅲ），进而利用参数校准、贝叶斯估计和脉冲响应等方法进行政策模拟分析，这是本书的重点和难点所在。

第 2 章

金融脱媒背景下我国货币政策调控工具的影响因素分析

2.1

影子银行

2.1.1 影子银行的含义及特征

1. 影子银行的含义

影子银行系统（Shadow Banking System，简称影子银行）的概念由美国太平洋投资管理公司（PIMCO）执行董事保罗·麦考利（Paul McCulley）于2007年在美联储的研讨会上首次提出，用于指所有游离于联邦政府监管体系之外的与传统、正规、接受监管的商业银行系统相对应的金融机构，主要包括投资银行、对冲基金、私募股权基金、货币市场基金以及结构性投资工具（Structured Investment Vehicle，SIV）等非银行金融机构，它们从事类似于传统银行的业务，但不缴纳存款准备金，不可以向央行办理再贴现，也不能正式加入美国的存款保险组织。此概念提出后虽被广泛采用，但至今尚未出现“影子银行”的全面且权威的界定。例如，国际货币基金组织（IMF）发布的《全球金融稳定报告（2008 年）》论及相似的金融机构和金融流动时使用了“准银行”概念。前美国财政部部长盖特纳

(Geithner) 于2008年提出，平行银行系统（Parallel Banking System）是传统银行系统之外存在的、“非银行”运营的融资安排，该系统中的非银行机构利用短期融资资金购买大量高风险、低流动性的长期资产。自此，影子银行拥有了“平行银行”这一别称。2011 年 4 月，金融稳定理事会（FSB）发布《影子银行：范围界定》的研究报告①，对影子银行给出了较为明确的定义和特征描述，认为影子银行指游离于银行监管体系之外、可能引发系统性风险和监管套利等问题的各种信用中介组织和信用中介业务，其引发系统性风险的因素主要包括期限错配、流动性转换、信用转换和高杠杆等。

就国内而言，目前关于影子银行的界定也存在较大争议，主要包括以下三种代表性观点：第一种观点以实际业务作为划分标准，认为凡涉及银行表外业务和产生借贷关系的交易均属于影子银行的范畴。这些交易主要包括证券化机构、市场化的财务金融公司以及脱离正规监管的民间金融机构。巴曙松（2009）就指出，影子银行系统“通常从事放款，也接受抵押，是通过杠杆操作持有大量证券、债券和复杂金融工具的金融机构”②。但也有学者认为，商业银行的银信理财产品和委托贷款业务发生在银行体系中，并处于监管范围之内，因此不能归于影子银行的范畴。第二种观点以机构作为划分标准，认为影子银行不只包括那些独立运营、具有法人地位的机构和公司，由于很多影子银行业务是内嵌于大型金融活动中的重要环节，所以影子银行还应包括商业银行中的部门，或使用了影子银行工具作为信用活动链条中某一部分的职能单位。第三种观点将影子银行作为一种融资方式，如易宪容（2009）从影子银行的运行机制和本质出发，认为影子银行并非仅仅是一种活动主体，而是一种通过证券市场上的银行贷款证券化活动获得信贷资金、实现信贷扩张的融资方式。③ 所产生的信贷关系类似于传统银行，但却隐藏在证券化之中。

综上所述，影子银行具有游走在银行体系和监管范围之外、拥有类似

---

① 《Shadow Banking：Scoping the Issues》。

② 巴曙松，加强对影子银行系统的监管，《中国金融》，2009 年第 14 期。

③ 易宪容，影子银行体系信贷危机的金融分析，《江海学刊》，2009 年第 3 期。

商业银行职能的非银行信用中介、由期限转化和高杠杆率引发系统性风险等特征。但由于此概念出现时间较短，不同国家和地区金融业发展程度不同，传统银行体系组织架构与监管方式存在差异，而且金融创新和监管规则的不断变化使得影子银行业务呈现出复杂的动态演变特征，这些因素都增加了界定影子银行的难度。结合国内外权威观点以及我国现实情况，本书认为影子银行是由传统银行体系之外的金融实体（独立主体和非独立部门）及其活动所组成的信用中介体系，它通常使用期限转化、高杠杆等操作进行信用创造和转让，从事信用媒介活动，实现融资功能。也就是说，凡在国内金融市场上创造信用，且未向央行缴纳存款准备金的各种机构和业务均属于影子银行的范畴。这种界定清晰明确，且可操作性强，使得商业银行的银信理财产品和委托贷款业务均被归入影子银行的范畴。

2. 影子银行的分类

以功能为划分标准，可将影子银行体系分为以下三类。

（1）证券化机构。证券化（securitized）对于影子银行系统至关重要，如果没有证券化，就不会出现 ABS（Asset Backed Security，资产支持证券）、CDO（Collateralized Debt Obligations，担保债务凭证）以及 MBS（Mortgage-Backed Securitization，住房抵押贷款证券化）等信用衍生品和结构性产品。证券化兴起于 20 世纪 70 年代，是指将流动性不强的资产转化为可流通证券，进而出售给资本市场上各类投资者的过程。证券化机构主要包括证券化发起人和证券化过程中设立的特殊目的载体（Special Purpose Vehicle，SPV）。前者大多是投资银行，后者主要包括信托有限责任、股份制公司和有限合伙制机构，这些名义形式机构为资产证券化提供风险隔离、信用增级和资产重组三项便利。具体来说，证券化发起人将未来可以产生流动性的资产（如信贷资产、应收账款等）汇集重组成资产池，通过 SPV 对资产进行分类打包、资产重组、风险分层、信用增级、切割包装等工作，将其转换为有固定收益的证券在二级市场交易，以达到融通资金、分散风险等目的。证券化是影子银行进行信用创造和提供货币供给的典型体现，只不过其为金融市场创造的不是实质意义上的货币，而是流量概念的信用和流动性。

（2）市场型金融公司。市场型金融公司不吸收存款，却为市场提供直接或间接的信贷和流动性。它们是以市场为导向的金融业务公司，种类繁多，主要包括货币市场基金、对冲基金、私募股权基金以及养老基金等，其中货币市场基金影响最大。货币市场基金（Money Market Fund，MMF）兴起于20世纪70年代，它集中散户的小额闲散资金，投资于货币市场上具有良好流动性、高信誉、低风险的短期金融工具（如可转让大额存单、银行承兑汇票、政府证券等）。货币市场基金具有信用创造、支付结算、交易成本控制（减少搜索成本和信息甄别成本）以及期限转化和风险分散等功能。

（3）结构化投资实体。结构化投资实体可以分为管道（conduit）和结构性投资载体（Structure Investment Vehicle，SIV）两类。前者购买资产，并以此为基础发行商业票据（或资产支持商业票据，ABCP），它向客户提供流动性增强和信用增强，其主要收益来自购买资产与发行商业票据之间的利差，以及向出售资产的客户收取结构费和管道管理费。后者是独立经营的投资性公司，购买资产后可以发行商业票据，也可以发行中短期债券和次级债券。与管道相同，其收益也来自于所发行证券与购买资产之间的利差，但不同的是，SIV还具有剥离资产、监管套利、避税以获得更高的投资回报率等功能。

3. 与传统银行体系的异同点

影子银行与传统银行体系的共性体现在：第一，两者的经营目标都是通过不断创新金融产品，满足不同投资者和融资者的需求，进而提高盈利性和流动性，追求利润最大化。第二，两者的经营模式都是通过错配期限获得利润。传统银行体系通过吸收企业和个人的储蓄存款筹集资金，影子银行系统则通过在短期资金市场上借入资金或通过发行短期债券筹集资金，尽管短期资金来源不同，但他们都将借入的短期资金投资于期限较长的项目上，进行长线投资，通过借短贷长获得盈利。第三，两者都具有信用创造的功能。周莉萍（2011）[①] 指出，影子银行的信用创造过程与商业

① 周莉萍，影子银行体系的信用创造：机制、效应和应对思路，《金融评论》，2011年第4期。

银行独立而且平行。由于不受央行存款准备金制度的约束，影子银行能够在金融创新理念和技术的支持下，独立地吸收并配置全社会闲置资金，主动满足全社会的货币需求，创造流动性，实现信用规模的扩张。

影子银行与传统银行体系在资金来源、抗风险能力和监管制度等方面也存在很大差异：

（1）资金来源不同。传统银行体系的资金来源是企业和居民的储蓄存款，而影子银行不能吸收存款，主要通过短期资金批发市场或发行短期债券筹集资金，主要筹资工具包括发行证券化产品、回购协议、担保债务凭证和资产支持商业票据等，然后将所得资金投资于流动性较差、期限较长的资产，从手续费或息差中获取收益。

（2）受监管程度不同。传统银行受到本国货币当局或中央银行监管，必须满足一定的资本充足率，还需定期披露信息，稳健经营，保护存款人资金安全。而影子银行属于在监管体系外运行的非银行类机构，受监管较少或几乎没有。它们无须披露财务状况，也不用遵从严格的资本监管，资本运作的杠杆率高于传统银行。加之影子银行的交易大多在场外市场进行，且影子银行的产品结构具有复杂化和多样化的特点，加重了信息披露的不透明。

（3）抗风险能力不同。传统银行在遭遇挤兑时，中央银行作为其最后贷款人，将向传统银行提供资金支持，从而抵御来自发放贷款和经营业务的各种风险。而影子银行不具备类似于传统银行的存款保险制度和最后贷款人等保护机制，完全依靠自身信用担保。一旦遭遇挤兑，除了在短期资金市场上抵押自有资产获得资金外，再无其他保护措施，潜在经营风险巨大。最典型的例子就是次贷危机，影子银行体系如多米诺骨牌一般轰然倒塌。

2.1.2　影子银行对货币政策工具的影响

为满足日益增多的社会资金需求、适应金融市场体系的多样性，影子银行应运而生，一方面它提供了更多的融资渠道，弥补了传统银行信贷渠道无法满足的融资需求；另一方面它游离于常规监管体系之外，势必留下诸多隐患，对货币政策调控工具和传导机制的作用日渐加深，不可避免地影响了货币政策最终目标的实现。

货币政策工具可以分为数量型工具和价格型工具两大类。前者侧重于对基础货币和货币供给量的调节，主要包括存款准备金率、公开市场业务以及再贷款和再贴现等；后者主要包括利率和汇率。归纳起来，影子银行对货币政策工具的影响主要有以下三个方面。

1. 影子银行削弱了货币政策数量型调控工具的效力

影子银行对货币政策数量型调控工具的效力造成直接冲击。首先，影子银行导致法定存款准备金率的作用力不足。法定存款准备金率是指一国中央银行规定的商业银行和存款金融机构必须缴存中央银行的法定准备金占其存款总额的比率。商业银行吸收存款后，必须按照法定的比率保留规定数额的准备金（法定准备金），其余部分才能用做放款。可见，法定存款准备金率主要作用于商业银行和存款金融机构所吸收的存款。随着影子银行产品和业务的发展，各类信托公司、基金公司、投资银行以及民间借贷不断涌现，它们汇聚了大量资金，这些资金绕开了法定存款准备金率的约束，流向金融市场，融资行为严重“脱媒”。因此，影子银行的出现缩小了法定存款准备金率的作用范围和力度，央行难以控制商业银行的货币创造能力。其次，降低了再贴现和再贷款的作用力度。对于再贴现和再贷款而言，中央银行并不处于调控的主动地位，调控作用的大小取决于金融机构对再贴现和再贷款的依赖程度。如果金融机构对再贴现和再贷款的依赖程度高，那么中央银行的调控效果自然就好，反之则弱。而金融机构获取资金的难易程度决定了其对再贷款和再贴现的依赖程度。影子银行的出现使得金融机构获取资金的自由度大幅增加，再贷款已经逐渐被其他多种成本低、监管少的渠道所代替，致使其对银行流动性的调节作用逐渐削弱。再如目前流行的票据理财业务，票据能够迅速转移，节约了资金获取的时间，还可以规避央行的监管，大幅提高了金融机构的效率和自主性，使得再贴现的地位也逐渐被取代。最后，削弱了公开市场业务的作用力。在欧美国家等发达国家，短期国债是公开市场业务的主要工具。短期债券在债券总额中占有极大比重，起到确定基准利率的作用，进而通过短期利率影响中长期利率。而我国国债市场期限长、流动性差，故我国公开市场业务的主要工具是以短期债务凭证——央行票据为主。该票据由央行自主决定发行数量和时间，但交易主体仅限于商业银行，期限结构单一（以短期为主），发行成本高。这些问题使得央行票据只能作为控制信贷规模的数量工具，而无法进行利率调控。从本质上讲，央行票据的作用在于调节商业银行的超额准备金，控制银行可贷资金数量，这与法定存款准备金率的作用效果相同，但却无法突破法定存款准备金率的调控力度。在影子银行对法定存款准备金这一强大工具都能产生显著影响的今天，小规模、高频度的央行票据操作的调控力度势必会受到更多挑战。

2. 影子银行降低了货币供给量的可测性与可控性

在可测性方面，自 1994 年中国人民银行推出货币供应量统计指标以来，该指标分别于 2001 年、2002 年和 2011 年进行了三次调整。目前，我国货币供应量层次划分为：

M0 = 流通中的现金

M1 = M0 + 活期存款（企业活期存款、机关团体部队存款、农业存款等）

M2 = M1 + 准货币（定期存款、储蓄存款和其他存款）

其中，其他存款包括信托存款、应解汇款及临时存款、保证金、财政预算外存款、租赁保证金、证券公司客户保证金、非存款类金融机构在存款类金融机构的存款及住房公积金存款等。在各层次中，流动性最强的是 M0，也就是通常所说的狭义货币量；M2 为广义货币量。

从总量上看，影子银行的信用创造机制向社会注入了大量流动性，导致实际货币供应量增加，但这些货币供给尚未准确纳入央行统计范围，使得官方统计的货币供给规模偏小。李波、伍戈（2011）曾指出，影子银行所创造的证券化产品实际就是一种“私人创造的货币”。影子银行体系中的部分金融工具具有期限短、易变现和流动性强的特点，能够发挥类似于银行货币创造的功能，在市场迅速转变为现实购买力，已经具备了货币职能。作为新型的支付、结算和融资工具，它们成为传统货币之外的一种更广义的货币，扩大了货币统计量的边界。

从结构上看，货币层次划分主要以流动性强弱为依据，随着各种层出不穷的理财产品、替代存款类金融产品及民间借贷的蓬勃发展，影子银行增加了货币与金融资产之间的替代性，致使货币层次的边界划分越来越模糊，货币层次的定义和统计日益复杂和困难。以理财产品为例，目前盛行的理财产品多为3个月的短期产品，甚至出现了7天、35天等超短期的产品。这些理财产品能够灵活支取，流动性介于活期存款和定期存款之间，但它们并不出现在银行存贷款统计报表上，自然不会纳入货币统计的范畴。

在可控性方面，影子银行提供的金融产品流动性高，导致货币周转速度加快，货币乘数稳定性大幅降低，进而削弱了中央银行货币政策对货币供给量的管理与调控能力。首先，市场上的资金需求量等于货币存量与其周转速度之积。影子银行出现后，参与货币流转及证券化操作的金融机构数量增加，导致货币周转速度和使用效率提高，增加了信用的扩散效力和市场流动性，但中央银行却无法对货币周转速度进行直接控制。其次，货币乘数 $m = 1/(rd + re + rc)$，其中，rd 表示法定准备金率，re 表示超额准备金率，rc 表示现金漏出率。在传统的存款创造过程中，商业银行是唯一的信用创造主体。影子银行出现后，创造了大量收益高、变现能力强的金融产品，加大了公众持有通货的机会成本，且影子银行体系可以随时补充商业银行所需的储备，这使得他们的通货持有量和库存现金量减少。这意味着影子银行参与了货币乘数的放大过程，使得传统的货币乘数演变成为一个扩大化的货币乘数。而中央银行无法有效地预测和监控这一扩大化的货币乘数，在一定程度上造成货币政策宏观调控的失灵。

3. 影子银行影响利率工具的实施效果

我国自1996年开始探索利率市场化改革，目前尚未实行完全的利率市场化，仍然保持着“存款利率管上限、贷款利率管下限”的利率管制，这造就了我国受管制的存贷款利率与随供需变化的市场化利率同时存在的双轨制利率体系。通过影子银行发行销售的金融产品一般不受利率管制的限制，以银信理财产品为例，它可以通过信托公司以低于银行贷款利率的信托计划吸引客户，再通过银行规避监管的表外业务以高于存款利率的收益进行出售。再如，一些具有获得银行贷款优势的大企业，通过委托贷款的形式将银行低息贷款中的部分资金用作利息较高的影子银行业务，以期获得高额利差。影子银行的产品和业务是规避监管和追逐套利的产物，对传统业务具有较强的替代性，其形成的实际利率将对官方利率形成干扰，加剧民间利率与官方利率的背离趋势。由于货币政策利率工具只能影响官方利率，不能对影子银行的利率体系进行有效干预，因此，通过利率工具控制官方利率根本无法有效引导资金合理运转，对于维护金融体系稳定的作用也将大打折扣。

2.1.3　影子银行对货币政策传导机制的影响

货币政策传导机制（Conduction Mechanism of Monetary Policy）指中央银行运用货币政策调控工具影响中介指标，进而最终实现既定政策目标的传导途径与作用机理，也即从运用货币政策工具到实现货币政策最终目标的过程。货币政策传导机制是否完善，直接影响货币政策的实施效果以及对经济的贡献。自凯恩斯建立宏观经济分析框架之后，货币政策作用于实体经济的传导渠道受到学术界的广泛关注，各个经济学流派通过不同的切入点，并从不同的经济条件出发，形成了各自的货币政策传导渠道理论。综合来看，可以分为两种观点：一是货币观，主要包括利率渠道、汇率渠道和资产价格渠道；二是信用观，主要包括银行信贷渠道、资产负债表渠道和金融加速器。Barth 和 Ramey（2001）认为，上述两种观点侧重于需求渠道，而忽视了供给渠道，并从总供给的角度提出了货币政策传导的成本渠道理论。这些观点为探讨货币政策的传导渠道，进而提高货币政策有效性做出了巨大贡献。货币政策传导渠道如图 2－1 所示。

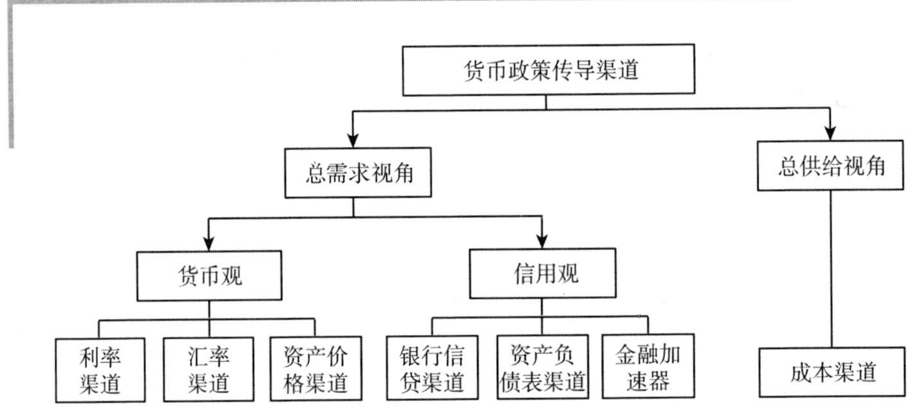

图2－1　货币政策传导渠道

1. 影子银行影响货币政策传导的主体和客体

首先，影子银行降低了货币政策传导主体——商业银行的地位。一直以来，商业银行是货币政策传导中最重要的运载主体。中央银行的意图利用“三大法宝”（法定存款准备金、公开市场业务和再贴现）、利率政策和窗口指导等货币政策调控工具，通过商业银行直接传导至经济社会中。但影子银行的出现，使得大量非银行金融机构和民间借贷机构代替传统银行体系发挥融资职能，动摇了商业银行在社会融资体系中的主体地位和决定性作用。有些商业银行出于盈利性和规避监管的动机，与各类信托机构、私募投资基金等影子银行机构合作，共同开发理财产品和其他表外业务。商业银行业务和地位的变化势必削弱了其作为货币政策传导主体的重要性。

其次，影子银行将影响货币政策调控客体——企业和居民的行为。无论何种货币政策传导机制，货币政策最终都是通过企业的投资行为和居民的消费行为实现货币政策最终目标。这意味着，企业和居民的行为将直接决定货币政策的有效性。影子银行出现后，市场上的融资渠道和投资方式大大丰富了，对企业和居民的行为将产生重要影响。就企业而言，影子银行将刺激企业的投资行为，这在中央银行实行紧缩性货币政策时尤为明显。当政府实行紧缩性货币政策，试图缩减银行信贷规模时，企业可借助影子银行系统中的各类融资机构和民间借贷机构获得资金融通，弥补了紧缩银根导致的资金短缺问题。就居民而言，影子银行将加速居民存款转移。如前所述，我国目前实际上是利率双轨制，官方利率与市场利率之间存在巨大差距。影子银行所提供的各类理财产品、信托产品和私募股权基金投资的回报率远远高于银行存款利率，吸引了广大居民将银行存款转移到上述产品中去，导致大量资金“脱媒”。

2. 影子银行对货币政策传导的信贷渠道和利率渠道的影响

如前所述，货币政策传导机制渠道复杂，但从各国货币政策实践看，货币政策传导主要通过信贷渠道和利率渠道实现。前者的作用机制可概括为：货币政策→货币供应量 M_S→金融系统的信贷可供量 L→投资 I→国民收入 Y。中央银行实施宽松的货币政策时，通过各种货币政策工具直接增加货币供给量，进而增加银行的信贷可供量，鼓励投资，促进经济发展；中央银行实施紧缩的货币政策时，减少货币供给，缩减企业和私人投资，抑制经济过热。后者的作用机制可概括为：货币政策→货币供应量 M_S→利率 R→投资 I→国民收入 Y。

影子银行对信贷渠道的影响体现在，影子银行凭借其多样化的金融产品与相对宽松的监管环境进行信用创造，拓展了融资渠道，增加了信贷供给，使货币供应量向信贷可供量的传导出现偏离，削弱了货币政策信贷渠道的传导效果。尤其当中央银行实行紧缩性货币政策，收紧银根，压缩商业银行信贷规模时，独立于调控体系和监管体系之外的影子银行仍可以投放贷款。影子银行发挥了商业银行的融资功能，阻塞了货币政策信贷渠道作用的发挥，稀释了紧缩性货币政策的效果。

影子银行对利率渠道的影响体现在，以理财产品和民间借贷为例，一般情况下，理财产品的回报率普遍高于同期银行存款利率，且理财资金发放信托贷款的利率也高于银行贷款利率。民间融资利率由各方按照供需情况决定，甚至高达银行贷款利率的数倍。例如，2013 年第二季度河北省企业民间融资的加权年利率为 15.3%①，温州民间融资的综合利率为 20% 左

① 数据来源：河北经贸大学中小企业融资研究中心，《河北省民间融资二季度报告》。

右①。影子银行的资金定价机制更能反映资金供求状况，干扰了官方利率传导的一贯性和有效性，使得货币政策利率传导渠道作用于居民行为时产生偏差。例如，当中央银行试图借助利率渠道，通过提高银行存款利率的形式回流资金，抑制市场流动性过剩时，市场主体可能不会按照政策意图行事，严重干扰了利率传导渠道发挥作用。

3. 影子银行增加了货币政策传导时滞的不确定性

货币政策传导时滞是指从采取货币政策措施到取得最终效果所需的时间。货币政策意图通过金融机构传导至金融市场，进而影响企业和居民行为，最终实现货币政策调控目标需要经过相当长的一段时间。在这诸多环节中，任何一个环节的不确定性都可能对货币政策传导时滞产生影响。影子银行不断涌现和迅速扩散的机构和产品增强了货币政策传导时滞的不确定性，加大了货币政策制定与实施的难度。这是因为，影子银行的产品结构非常复杂，往往具有易变现与高流动性的特征，而且其业务模式相互交叉，呈现多元化特征，这使得市场上的资产结构更加复杂多变，进而改变金融机构、企业和个人的投融资决策，加大了货币政策调控时滞的不确定性。同时，货币政策传导过程复杂性的增加影响了对货币政策实施效果的预判，导致中央银行货币政策调控时机的选择更加困难。

2.1.4 影子银行对货币政策最终目标的影响

1. 影子银行对经济增长的影响

在社会融资体系中，资金供给方除了正规商业银行以外，还有影子银行。影子银行通过委托贷款和民间借贷为资金需求企业提供融资，而且，一些大型企业和国有企业采取违规操作的方式，将它们从商业银行获得的低息贷款通过影子银行高息转手给资金需求企业，从中赚取高额

① 数据来源：温州金融办（www.wzjrb.gov.cn）发布的“温州民间融资综合利率指数”（简称“温州指数”）。

利差。实际上，影子银行对于经济增长具有“双刃剑”的作用。在理想情况下，资金需求方投资成功，获得预期利润，资金供给方获取了高息借贷收入，资金需求方偿还债务后自身也得以发展。然而，一旦投资不够成功甚至彻底失败，影子银行体系高额的借贷成本将使它们无法及时偿还债务，被迫延期、甚至出逃。这意味着，影子银行灵活的融资功能在一定程度上拓宽了融资渠道，促进了经济增长，但是，一旦资金需求企业经营不善或遇到经济衰退，对国民经济增长的负面冲击也不容忽视。

此外，中央银行通过调控金融机构的信贷投向，实现政府经济调整和产业政策。例如，对于某些发展过热的行业，中央银行可以通过提高贷款条件限制其进一步发展；对于一些产能落后或过剩的企业，也可通过限制金融机构贷款进行产业升级或调整。但影子银行的快速发展使得上述行业或企业在正规金融机构受到限制的融资需求，可以在影子银行得以满足，这将令中央银行的信贷投向调控政策大打折扣。

2. 影子银行对通货膨胀的影响

与商业银行相比，影子银行系统的资金更具逐利性。由于影子银行追求远高于银行房贷、购买国债等金融投资获得的回报率，而这种收益率很难通过投资普通实体获得，所以影子银行的资金大多流入房地产、艺术收藏、大宗商品等高风险、高收益领域，与资产泡沫的形成密切相关。传统的货币政策调控对影子银行的影响程度有限，因此，影子银行与资产价格之间的关系可能造成物价波动，加大了实现货币政策目标的难度。

而且，由于货币政策主要通过金融体系传导至整体经济，所以金融体系的稳健程度是货币政策实际实施效果的决定性因素。目前，关于次贷危机教训的热烈讨论从未停止，甚至陆续出台了以巴塞尔协议Ⅲ为代表的新监管措施，但它们主要针对受监管的商业银行。影子银行因其杠杆率高，且游离于常规监管之外，对金融体系稳定和货币政策目标的实现提出严峻挑战。当影子银行的系统性风险真正爆发时，中央银行要充当最后贷款人，其救助行为以及事后采取的数量宽松政策很可能对中长期通货膨胀造成影响，这也是目前颇受关注的焦点问题之一。

2.2 利率市场化

2.2.1 利率市场化的含义及特点

利率作为资金的价格，是金融与实体经济之间的纽带与桥梁，高度浓缩并反映了金融资源配置的所有信息。当影响利率变动的各种因素均由市场决定时，即存在一个能够利用相关信息准确、完整、如实地反映资金供求状况的利率体系，才能够实现金融资源的有效配置，这正是利率市场化的根本意义。

所谓利率市场化（Interest Rate Marketization），是指中央银行把利率的决定权交给市场，利率水平的高低由市场主体自主决定。央行放弃直接控制利率，而是通过制定和调整再贴现率、再贷款率以及公开市场买卖有价证券等调控手段间接地执行货币政策。实际上，西方学者在关于金融自由化的研究中经常使用“利率自由化”（Interest Rate Liberalization）一词。国内很多学者也从不同角度对利率自由化进行了阐述。例如，李社环（2000）认为，“利率自由化是一个过程，是利率体制和利率决定机制变迁的过程。随着这一过程的不断深化：整个利率体系资金市场供求关系决定的利率的比例越来越大，由货币当局直接干预的成分越来越小。市场利率越来越接近于资金供求的均衡利率。”刘利（2001）提出，利率自由化一是解除政府以往所制定的旨在限制行业恶性竞争和要素自由流动和生产的某些规定；二是创造一些有竞争性的产品、工具及手段，使要素的流动更加自由，经营效率、服务手段和质量更高，以满足不同层次客户的需要和竞争的需要。

有些国内学者认为，利率市场化是利率自由化的初级阶段，因为前者虽然意味着利率由市场供求决定，但仍受政府管制，而后者实行的是没有政府管制的市场均衡利率。从本质上说，利率市场化与利率自由化并无区别，它们描述的是同一种状态或同一个过程，其细微差别仅仅体现在分析视角不同。前者的分析视角是利率决定机制，强调市场机制在资源配置中的主导作用；后者的分析视角是政府管制和放松管制，强调政府管制利率的程度。由此可见，利率市场化实质上是一种以基准利率为中心，市场利率为主体，多层次、有弹性、充分体现市场供求及资金稀缺程度的利率管理体系和动态过程。

利率市场化大致包括以下内容：

第一，金融交易主体享有利率决定权。金融活动归根结底是资金盈余部门与资金赤字部门之间的资金融通活动。现代经济学理论认为，利率作为货币资金的价格，由货币供给等于货币供求的均衡状态决定。因此，利率市场化的主旨是取消传统的集中性指令管理，将利率决定权交给商业银行和其他金融机构，赋予它们充分的自主权。市场上的金融交易主体根据交易特点和条款的不同（如资金规模、偿还期限和担保方式等），通过面谈和招标等方式反复选择和权衡，在市场利率的基础上自主决定利率水平的高低。

第二，市场自发选择利率的期限结构和风险结构。金融交易与其他商品交易的相同点在于，存在批发价格和零售价格的价差，而它们的不同之处在于，利率还存在期限结构和风险结构。利率市场化后，中央银行没有必要，也不可能对利率的期限结构和风险结构进行精确测算。相反地，金融交易主体有权商讨并决定某项交易的利率期限结构和风险结构，将众多金融交易整合在一起，就能够得到整个金融市场具有代表性的利率期限结构和风险结构。与中央银行测算和制定的利率结构相比，通过市场自发选择得到的利率结构更为合理。

第三，市场利率的基础是同业拆借利率或短期国债利率。利率体系包括存贷款利率、同业拆借利率、再贴现利率、回购利率、债券收益率等，结构相当复杂。一般来说，确定市场利率的基准是一种或几种市场交易量大、为金融交易主体所普遍接受的利率。根据其他利率市场化国家的经验，同业拆借利率和短期国债利率是制定其他各种利率的基准，因为它们在市场上交易量最大、信息披露最充分，因而也是最具代表性的市场利率。可以说，同业拆借利率或短期国债利率是衡量市场利率水平涨跌的基本依据和指针。

第四，政府（或央行）对利率进行间接调控。与市场经济不排斥政府宏观调控一样，利率市场化也不排斥中央银行的金融调控。以实现利率市场化的西方国家为例，在利率市场化改革过程中以及实现利率市场化之后，中央银行对于金融交易主体的交易行为非但没有放松，反而加强了。利率市场化背景下，中央银行仍对利率体系进行控制和干预，只不过干预方式由直接控制转变为间接调控，通过制定和调整再贴现率、再贷款率、公开市场操作和窗口指导等调控手段间接反映其政策意图。

结合利率市场化的含义和主要内容，利率市场化的特征可归纳为：

第一，利率市场化具有双重属性。首先，利率市场化是一个过程。利率市场化不是一蹴而就的，要根据经济体制、社会环境、国际背景等因素制定合理方案，并逐步实施。这一过程的长短与该国市场体制健全程度相关，市场体系越发达的国家，利率市场化进程相对较短。其次，利率市场化是一种金融资源优化配置的状态。利率市场化增强了市场利率的自我调节能力和传导功能，金融资源配置由无效率状态跃升为高效率均衡。与此相对应，金融创新动力明显增强，金融机构的经营效率和风险防范能力不断提高，从而促进了金融深化和经济增长。

第二，利率市场化具有系统性。从表面上看，利率市场化改革所涉及的范围仅仅局限于金融市场。但利率市场化在实施条件、改革深度和广度等方面均表现出系统性特征。首先，利率市场化要求该国具有较高的市场化程度，否则不存在改革的必要和意义。其次，利率市场化不是一项单独、孤立的改革，它所涉及的内容非常广泛，往往与企业管理制度和产权制度改革、货币市场利率形成机制改革以及金融业监管制度改革等相互交叉、相互影响。

第三，利率市场化具有长期性。实际上，利率市场化的长期性源于其系统性。利率市场化改革需要满足一系列基本条件（如市场条件、调控条件、监管条件和环境条件等），因此需要很长时间进行前期准备，这也是对利率市场化风险的预先控制。同时，作为一种制度改革和创新，利率市场化被金融交易主体了解并接受也需要时间，并在新旧制度的磨合中不断成熟和完善。

第四，利率市场化具有风险性。首先，利率市场化加大了利率波动的幅度和频率，利率作为企业投资成本高低的计算依据，如果在短期内迅速上升，将会影响企业的投资决策，甚至引发经济衰退。其次，利率市场化后套利机会增加，资金流向的不确定性增加。最后，利率市场化使得利率期限结构和风险结构更加复杂，增加了金融交易的风险性，这也要求中央银行做好充分准备，以更加灵活的手段加以应对。

推进利率市场化改革是完善货币政策传导机制的中心环节，也是发挥市场对金融资源配置基础性作用的关键。利率市场化改革受到一定条件的制约，条件成熟下的改革可以减少和避免风险的发生。一般来说，利率市场化改革需要具备以下四个方面的条件：

第一，利率市场化改革需要稳定的宏观经济环境。宏观经济环境稳定与否可以通过经济发展速度、通货膨胀率和失业率等指标来反映。在一个经济增长稳定、物价平稳和就业充分的宏观环境中进行利率市场化改革，要比在一个经济低迷、通货膨胀、失业率较高的环境下遇到较少的挫折和阻力。首先，当经济增长稳定时，企业能够预计贷款的成本和可得性，且可以预见的经营收益也便于企业进行中长期投资活动，这也保证了银行经营的安全性和盈利性，有利于利率市场化改革的开展。其次，当一国面临严重的失业问题时，利率市场化改革后利率水平的提高将导致货币紧缩，投资减少，加剧失业。最后，高通货膨胀使得价格信号失真，加大金融契约的风险，影响经济当事人的理性决策，在此环境下推行利率市场化改革必然导致利率不断高涨，加剧通货膨胀，恶化宏观经济状况。

第二，利率市场化改革的微观基础——市场化经营的金融机构和企业。利率调节经济运行的重要条件是金融机构和企业能够对利率变动做出灵敏反应，并迅速调整经营策略。这就要求金融机构和企业实现真正的商业化经营，金融机构要建立起内部成本约束机制和风险防范机制，企业要通过股份制改造和上市逐步完善资本结构，成为自主经营、自负盈亏、自我约束、具备良好经营机制和强大市场承受能力的经济实体。

如果利率市场化缺乏相应的微观基础，则金融机构和企业可能不顾利率水平的高低和经营风险的大小，用别人的财产去冒险，从而产生严重后果。

第三，利率市场化改革的制度环境。任何社会都面临着既定的、相对稀缺的生产资源如何有效分配的问题。社会经济制度不同，资源配置方式也就不同。在计划经济体制条件下，各种生产要素依据政府制订的计划进行分配，生产要素和社会资金的价格均由政府制定和调整，而各经济主体不具备价格的制定权和调整权，利率市场化改革无法开展。而在市场经济条件下，资源可以根据价格这一指示器进行自由流动，政府职能通过货币政策和财政政策对市场进行调节，这恰恰是市场利率形成的基础和条件。

第四，利率市场化改革需要健全、完善的金融市场。利率市场化改革使得利率水平将由原来的政府管制转变为由市场供求决定，而这一利率水平能否客观反映金融资源的配置状况和真实市场供需，在很大程度上取决于金融市场的发育程度。衡量金融市场发育程度可以从金融市场广度和金融市场深度进行分析：首先，金融市场广度是指金融市场的工具品种与结构。利率由市场供需决定能否实现，取决于金融市场工具品种的丰富程度和利率结构的合理程度。金融市场广度能够满足长、中、短期资金需求，并提供风险程度和流动性程度各异的金融工具。因此，金融市场的发展和金融产品的丰富是利率市场化的基础条件。其次，金融市场深度是指市场竞争程度。只有充分竞争的市场才能提供充足的流动性使市场足够活跃，令利率准确反映资金供求状况。可以说，利率市场化与金融市场完善是互为条件，互相促进和协调发展的关系。

第五，利率市场化需要有力的金融监管体系。严格、科学的金融监管体系是保证利率市场化改革顺利推进的内生性要求。利率市场化将不可避免地引发诸多金融风险，如何防范和化解这些金融风险是决定利率市场成功与否的关键问题。利率市场化在带来更多金融创新的同时，也导致了金融脆弱性。如果一国具备比较健全的金融监管体系，那么由利率市场化引发的金融脆弱性的影响相对较小。这就要求中央银行在实施利率市场化改革之前，必须有一整套金融风险防范机制和控制手段。只有建立起一套完备且审慎的宏微观金融管理监督体系，才能都逐步放松利率管制。

2.2.2 利率市场化对货币政策有效性的积极影响

利率是连接商品市场与金融市场、微观经济主体与宏观调控部门的枢纽，是国家调控宏观经济的重要杠杆，在货币政策的制定和执行中的作用日益重要。利率市场化对货币的定义与计量、货币政策工具和货币政策传导机制均存在不同程度的影响，进而不可避免地影响货币政策最终目标的实现。因此，深入研究利率市场化对货币政策有效性的影响显得尤为迫切。

利率市场化对货币政策有效性的积极影响体现在以下五个方面。

1. 利率市场化为中央银行制定基准利率和货币政策提供依据

首先，利率管制背景下，中央银行的利率调节具有主观性和滞后性。就我国而言，管制利率兼具调节国民收入再分配和调节资金供求的双重职能，由于利率调整直接牵扯到各方面的利益，使得中央银行很难根据货币政策目标完全、独立地进行调整，甚至有时利率调整与货币政策目标完全相悖。而且，利率调整前的决策过程十分复杂，各方要花费很长时间讨价还价，延长了货币政策的内部时滞。其次，管制利率不但难以发挥价格信号的功能，还会限制市场利率的波动空间，导致市场上不可能形成真正的基准利率。而利率市场化使得利率由资金供求关系决定，有利于形成市场上的基准利率和合理的市场利率体系，也有利于货币政策效力的进一步发挥。最后，利率市场化使中央银行的货币政策中介目标从货币供应量转向基准利率。与货币供应量相比，利率的可控性更强。这是因为，货币供应量等于基础货币与货币乘数的乘积，基础货币包含准备金和公众持有的现金两大类，而中央银行难以控制公众行为，从而难以控制货币供应量。而且，货币流通速度的不稳定性也会影响货币政策的有效性。因此，基准利率在可控性上的优越性有助于货币政策目标的实现。

2. 利率市场化有利于健全货币政策传导机制

货币政策传导机制的有效性与经济主体对利率的弹性强弱以及传导渠道的多少密切相关。首先，利率市场化增强了经济主体对利率的弹性。通常情况下，利率市场化改革后的市场利率将高于管制利率，因此市场利率的收入再分配功能更强，它将通过改变经济主体的投资成本与收益影响他们的心理预期与行为决策，进而使得不同层次的货币和金融资产具有不同的需求结构。经济主体对利率的弹性增强使货币政策传导机制更加顺畅，缩短了货币政策的外在时滞。其次，利率市场化拓宽了货币政策传导途径。就我国而言，长期以来，货币政策传导渠道局限于传统的银行信贷渠道，一旦银行信贷渠道受阻，如不愿承担经营中的合理风险而出现过度惜贷行为，货币政策有效性将会大打折扣。利率市场化以后，市场利率成为连接中央银行、商业银行、企业部门、居民部门和金融市场的纽带，各种金融资产的价格对市场利率的反应更加灵敏，使货币政策的传导不再局限于银行信贷渠道，还可以通过利率渠道来传递。利率传导渠道的基本途径可表示为：货币供应量增加→利率下降→投资增加→总产出增加。

3. 利率市场化有利于形成合理的利率结构，使货币政策利率传导渠道更加通畅

合理的利率结构包括合理的利率种类结构、合理的利率期限结构和层次结构，以及利率结构的高度简化。管制利率与金融资产的风险和期限无关，从而基准利率、货币市场利率以及各种存贷款利率之间缺乏有机联系，利率期限结构自然不合理。例如，我国 1 年期存款利率和长期国债利率都由中央银行决定，无法由市场机制形成长期利率预期，无法形成合理的利率期限结构。尤其是在 20 世纪 90 年代中期，法定存款准备金率高于 1 年期存款利率，再贷款利率高于贷款利率，一度出现利率倒挂现象。不符合资金市场运作规律的利率结构将诱导经济主体进行非正常的套利行为，造成货币资金的无序流动，降低了货币政策的有效性。而利率市场化后，利率由资金供求关系决定，各种利率不可能长期偏离其均衡水平，合理的利率期限结构使得由利率水平决定的信贷资金流向也趋于合理，这为中央银行通过利率机制实施货币政策提供了前提条件。

4. 利率市场化增强了中央银行对货币供给量的调控力度

利率市场化增强了利率与货币供给量之间的相关性，使得中央银行可以利用利率杠杆加强对货币供给量的控制。首先，中央银行可以通过利率杠杆影响借款人的融资成本，进而影响其货币需求，最终导致货币供给量的变动。而且，当中央银行在公开市场上买卖政府债券引起债券价格和利率变动后，金融机构会在政府债券和企业贷款之间进行资产调整，进而对货币供给量产生影响。具体来说，当中央银行紧缩银根，通过公开市场操作出售政府债券时，债券价格下跌且债券利率上升，金融机构预期市场利率的不确定性增加，贷款风险增大，而且出于保持其资产的流动性比率的考虑，将主动削减一部分企业贷款，转而购买流动性较高的政府债券，导致货币供给量下降。其次，利率市场化将促进金融创新，从而加速货币供应量增长。利率市场化后，金融机构之间的同业竞争加剧，商业银行存贷款业务的获利空间不断缩小。出于盈利性考虑，金融机构将更多地进行金融产品和工具创新，由此带来的货币供应量增长将强化货币政策的实施效果。

5. 利率市场化将提高货币政策的灵敏性

从本质上说，市场竞争就是价格竞争。利率市场化后，利率作为资金的价格，无疑成为金融机构之间竞争的主要对象。这意味着，利率市场化提高了金融机构的经营效率和竞争水平，使得金融机构对利率更加敏感，此时，中央银行通过间接调控导致利率的微小变动，都会使得金融机构迅速做出反应看，货币政策的灵敏性大幅提高。而且，利率市场化将推动金融市场的发展和完善。实际上，利率市场化与金融市场的发展和完善是互为条件、互相促进的关系。利率市场化后，货币市场和资本市场能够更加及时、有效地传递价格信息，准确、如实地反映资金供求状况，这将完善金融市场对金融资源的配置功能，有利于金融市场的发展和完善。而金融市场的发展和完善有助于金融机构灵活地调整其资产负债结构，使货币政策在金融机构这一环节的传导更加迅速，货币政策传导的效率和敏感度不断提高。

2.2.3 利率市场化对货币政策有效性的负面影响

1. 利率市场化使货币定义与计量难以准确把握

首先，货币层次划分的依据是金融资产的流动性，金融资产流动性的变化以及新金融资产的出现都会改变原货币层次的覆盖面和准确性。利率市场化后，利率波动幅度和利率风险都增大了，从而促进了金融工具和产品的创新。这使得金融资产之间的替代性变大了，打乱了货币层次划分的原有界限，对货币进行准确定义变得困难。其次，利率市场化使得对货币供应量的计量更加困难。这是因为，利率市场化加剧了金融机构之间的竞争，他们会更加重视那些不列入资产负债表的表外业务，从而加剧中央银行的信息不完全，越难以准确、及时地对货币供应量进行计量。

2. 利率市场化削弱了中央银行对货币供应量的调控能力

首先，利率市场化后，存款利率相对于利率管制时会有所上升，增加了居民的储蓄偏好。这一方面增加了商业银行的信贷资金供给，为中央银行通过信贷渠道实施货币政策创造了条件；另一方面，这将在很长一段时期内降低消费需求，进而对经济增长产生消极影响，削弱了扩张性货币政策的效果。而且，居民储蓄偏好增加将降低货币流通速度，这意味着为了达到既定的货币政策目标，中央银行需要提供更多的货币供应量。货币流通速度减慢还会降低总需求，这也会抵消扩张性货币政策的效果。其次，利率市场化使货币乘数变得难以预测。如前所述，货币乘数可表述为 $m = 1/(rd + re + rc)$，其中，rd 表示法定准备金率，re 表示超额准备金率，rc 表示现金漏出率。利率市场化条件下，为在激烈的市场竞争中立于不败之地，商业银行会通过对支票存款支付利息来吸引顾客，这会增加客户持有通货的机会成本，从而通货持有量下降，rc 提高。同时，利率市场化还会降低 re，这是因为利率市场化使得商业银行能够根据供求状况和风险大小自主决定利率，面对收益率较高的贷款投资机会，超额准备金越多，机会成本就越大。

3. 利率市场化降低了货币政策工具的作用力

首先，利率市场化削弱了法定存款准备率的影响力。利率市场化促使金融机构创新大量流动性高的融资工具，使得大量资金从商业银行流向非存款性金融机构，绕开了法定存款准备金的约束。而且，利率市场化改变了金融机构的资产负债结构，存款占比会逐步下降，取而代之的是同业拆借、回购协议或一些长期金融债券。当商业银行流动性缺乏时，可通过货币市场等途径进行补充，对法定准备金的依赖程度降低。其次，利率市场化削弱了再贷款的效果。利率管制条件下，再贷款利率可以在一定程度上调节社会资金的流向和流量。但利率市场化促进了货币市场的发展，金融机构可以便利地获得低成本融资，如通过出售证券、贷款证券化、同行拆借、发行短期存单或从国际金融市场等多种方式满足流动性的要求，导致金融机构对再贷款的依赖程度下降。

4. 利率市场化延长了货币政策时滞

利率管制条件下，货币政策利率传导过程相对简单，即中央银行首先制定利率变动目标，商业银行执行此利率标准，进而影响微观经济主体（企业和个人）。而利率市场化后，这一过程变得更加复杂，即中央银行首先制定利率变动目标，并利用货币政策工具干预货币市场以调整基准利率，而后商业银行根据基准利率变化及其他相关因素（如市场供求状况、客户具体情况等）确定存贷利率水平，最后影响社会公众（企业和个人）。由此可见，利率市场化使得货币政策传导的中间环节增加了，导致货币政策时滞加长。而且，微观经济主体还可能根据商业银行确定的存贷利率水平调整心理预期，进而调整自身行为决策，从而抵消货币政策效果。

2.3 影子银行与利率市场化之间的关系

利率市场化放宽了存贷款利率的浮动范围，也放开了金融产品的定价机制，这将改变影子银行系统的发展模式和其赖以生存的金融生态环境，对宏观经济造成较大冲击。

2.3.1 利率市场化对影子银行资本回报率的影响

就我国而言，利率市场化意味着影子银行的业务转型。我国影子银行体系的产生具有特殊的历史背景，它形成于利率管制的金融环境，并在与商业银行的竞争中不断发展壮大。因此，与西方发达国家的影子银行体系以资产证券化等产品和交易为主不同，我国影子银行主要充当融资中介的角色，为资金供求双方提供方便、灵活的投融资渠道，并由此形成相对于商业银行的比较优势。盛朝晖（2010）认为，世界上大多数国家（如美国、韩国）的利率化改革进程，普遍具有市场利率先上升、后平稳的趋势。而且，利率市场化背景下，商业银行储贷形式和定价模型都更加灵活。这意味着，利率市场化后影子银行的比较优势将逐渐消失，金融市场竞争更加激烈，这迫使影子银行以更高的存款利率和更低的贷款利率吸引客户，最终资本使用成本提高，资本回报率降低。同时，利率市场化将促使影子银行不断进行产品创新和服务创新，研发成本和管理成本的上升将导致资本回报率进一步降低。

2.3.2 利率市场化对影子银行资产质量的影响

利率市场化背景下，影子银行的优质业务可能被商业银行取代，造成影子银行资产质量下降，资产安全风险加大。就我国而言，目前中小企业已成为国民经济中最具活力和竞争力的重要组成部分之一，但中小企业所面临的融资困境已成为各界共同关注的焦点，成为制约中小企业发展的“瓶颈”。在利率管制的背景下，商业银行出于安全性和盈利性的考虑，通常在降低经营成本和经营风险的同时实现利润最大化，所以往往将中小企业拒之门外。通过影子银行系统融资就成为满足中小企业贷款需求的主要途径。但中小企业中不乏很多优质企业，利率市场化使得这些优质企业在进行融资时选择范围扩大了。利率市场化加大了影子银行与商业银行之间的竞争强度，影子银行的一些优质客户资源可能流入商业银行，造成影子银行资产业务的整体质量下降，投融资活动的资金风险增加。此时，为了留住客户资源和占领市场，影子银行可能更加看重短期收益，用风险高收益大的投资取代风险低收益稳定的投资，加之缺乏严格的风险评估和控制，其资产质量将进一步下降。而且，我国长期处于低利率状态，利率市场化必然带来利率水平和波动频率的提高，在信息不对称的情况下，影子银行客户的逆向选择和道德风险将更加突出，一些投机型企业在使用资金时更加激进，加大了影子银行投融资活动的资金风险。

2.3.3　利率市场化对影子银行风险控制的影响

利率市场化加大了资本市场的价格波动幅度和频率，使得影子银行体系面临更高的市场风险、信用风险和流动性风险。

首先，市场风险是指由于市场上各种因素（如利率、汇率和通货膨胀率等）变动引起资产价格波动时所导致收益损失的风险。如前所述，我国影子银行出现在利率长期保持低水平，且金融环境相对稳定的背景之下，影子银行利用各种短期金融产品和金融工具开展融资活动，并将资金用于中长期投资和信贷业务中去，市场风险相对较小。但利率市场化后利率波动频繁，致使资产价格波动加大，利率期限结构和风险结构日趋复杂，从而加大了影子银行的市场风险。

其次，信用风险又称违约风险，通常指证券发行人在证券到期时无法还本付息，致使投资者蒙受损失的风险。影子银行游离于常规监管之外，不受法定存款准备金率和资本充足率的制约，从而可以借助各种金融产品和金融工具开展业务，导致其杠杆率不断提高。而且，影子银行的运行方式不透明，委托代理链条较长，且缺乏资金风险管理和存款保险制度。一旦利率波动导致资产损益大幅变动，影子银行的资金链条将更加紧张，任何一个环节出现意外，都容易遭受挤兑，产生较高的信用风险。再加上影子银行系统与商业银行之间千丝万缕的联系，金融系统内的交叉传染将导致风险的扩大化，对整个金融体系的稳定构成隐患。

最后，流动性风险是影子银行面临的又一种重要风险。所谓流动性，是指影子银行可以在任何时候以合理的价格得到足够的资金，来满足其客户随时提取资金的要求。它包括资产流动性和负债流动性两个方面，当流动性面临不确定性时便产生了流动性风险。在资金流动性方面，影子银行存在“存短贷长”的期限错配问题。利率市场化后，利率的频繁变动导致流动性发生变化，尤其在周期性转折时可能影响资金链的运行。一旦资金链断裂，影子银行因资产期限错配将产生严重的流动性风险。

第3章

我国影子银行的规模测度及广义流动性界定

3.1 中国式影子银行的特殊性

3.1.1 我国影子银行的产生背景

就我国而言，影子银行是我国经济快速发展和金融市场深化改革的产物，其产生和发展具有鲜明的世代特征，又存在其合理性。具体来说，我国影子银行的产生背景主要包括以下三个方面。

1. 我国影子银行的产生源于对利率市场化的强烈需求。

与国外影子银行体系产生于金融管制放松和金融 IT 技术革新的背景不同，我国影子银行是在规避利率管制、满足市场正常需求的过程中应运而生并不断发展壮大的。目前，我国尚未实行完全的利率市场化，管制利率和高通胀必然导致实际利率为负。以 2011 年为例，我国 CPI 涨幅为 5.4%，而同期银行活期存款利率为 0.5%，1 年期定期存款利率也仅有 3.25%。[①] 此时，经济主体避免资产缩水的诉求自然催生了收益率较高的银行理财产品。而

① 《中国统计年鉴（2012 年）》以及中国人民银行网站。

且，中国人民银行对商业银行贷款利率上限仍有诸多限制，为了满足客户（尤其是中小企业）的融资需求以及商业银行本身的业务拓展需要，产生了银信合作、银行票据融资、委托贷款、小额贷款公司以及民间借贷等影子银行机构和业务。由此可见，目前我国的影子银行体系是利率市场化改革进程中的特定表现，它突破了常规监管体系的禁锢，为我国经济发展提供了必要的流动性缓冲。与此同时，影子银行的出现削弱了货币政策的调控效果，其自身的系统性风险还有可能危及整个金融系统的稳定。因此，在加强影子银行监管力度和风险防范的同时，推动利率市场化改革是我国影子银行体系健康发展的关键。

2. 我国金融业监管体系为影子银行的产生和发展提供了良好契机。

我国商业银行所面临的资本充足率、存贷比和流动性等监管要求日渐强化，商业银行面临基础货币投放和信用创造双受限的境况，这增强了商业银行向资产负债表外发展新型融资体系的动力。同时，在我国金融业分业监管模式下，“一行三会”导致金融市场存在人为的分割和壁垒，为影子银行体系通过金融创新进行监管套利提供了机会。而且，分业监管意味着监管主体随着金融机构类型的不同而变化，这使得从事相似业务的金融机构可能受到不同强度的监管，进而为影子银行体系通过跨机构合作进行监管套利创造了空间。

3. 我国影子银行的出现根植于融资多元化需求的增加，并受到流动性分布不均衡的催化。

自21世纪以来，我国经济高速发展，国民经济各部门的资金需求量持续攀升，仅靠商业银行贷款根本无法满足，而影子银行的适时出现弥补了这一社会融资缺口。流动性分布不均衡主要由两个原因造成：一是国家政策的调整；二是商业银行出于自身盈利性和安全性的考虑，更愿意将有限的信贷资金贷放给国有企业和大型企业，而对处于初创期和成长期的中小企业的融资支持力度不足。这使得我国流动性分布呈现两极分化的特点。而且，中央银行为避免由经济过热导致“泡沫”的出现，经常出台一些短期的货币紧缩政策，这些政策使得本身处于融资劣势的中小企业更加雪上加霜，不得不转向影子银行寻求融资。

3.1.2 我国影子银行的主要构成

不同国家金融市场发展程度和金融监管环境不同，影子银行的构成自然各不相同。发达国家的影子银行体系以资产证券化为核心，由货币市场基金和投资银行等通过高杠杆和风险分散组成的信用中介体系。而目前我国影子银行体系缺乏资产证券化基础，不具备高度发达的衍生品技术和市场，而主要是为中小企业、私营企业等无法从传统银行体系中获得融资的经济主体提供资金，尚未超越股权融资和信贷融资的范围，是较为初级和简单的资金再配置过程。

对于中国式影子银行的界定，国内很多学者做大量研究，观点也存在诸多分歧。有些学者认为，凡不通过股票、债券等传统信贷市场和金融市场进行的金融活动均属于影子银行的范畴，还有学者以是否接受监管为标准，认为凡游离在监管范围之外的金融活动均属于影子银行的范畴。本书认为，这两种观点均有失偏颇，前者虽然比较全面地反映了银行信贷和资本市场融资以外的社会信用供给全貌，但涉及范围过大，其中包含的各类影子银行运行机制和风险特征都不尽相同，存在夸大风险的可能性。而后者集中于非正规的民间金融，有可能低估总体潜在风险。而且，从国际经验来看，影子银行体系中的参与主体并非完全不受监管，而是通过监管套利对监管进行规避，所以监管套利比不受监管更为贴切。结合目前我国影子银行体系的实际，本书认为我国影子银行主要具备三个重要特征：一是从事金融中介活动，具有与传统银行体系相似的信用创造功能、期限和流动性转换动能；二是不受监管或存在监管套利；三是具有系统性影响。从运行机制上看，目前我国影子银行体系主要体现为三类：一是传统银行体系内部的影子银行部门及业务（如银行理财）；二是传统银行体系内外部结合的影子银行（如银信合作、委托贷款和承兑票据），它与第一类在业务上有很多交叉和重叠，但两者的区别在于此类影子银行中商业银行只起到中介作用，是影子银行运行的连接纽带和润滑剂；三是传统银行体系外部的影子银行（如民间借贷）（见图3-1）。

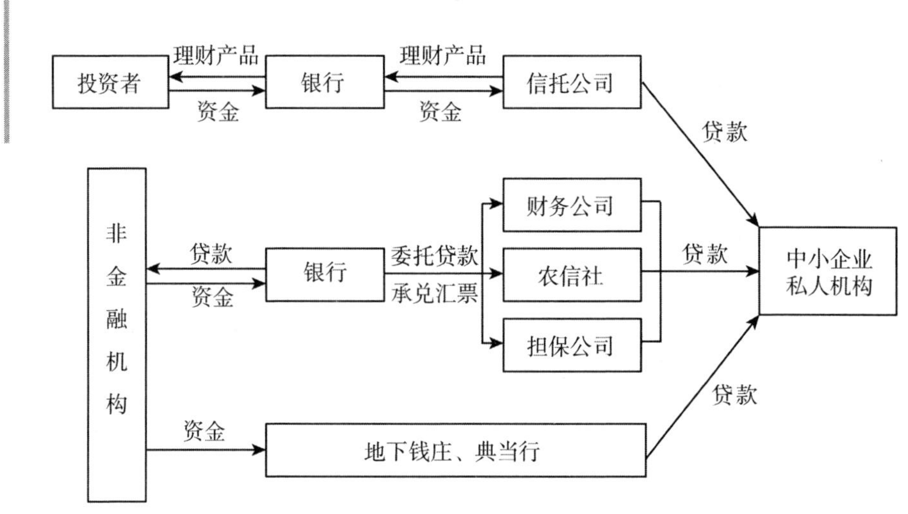

图3-1　我国影子银行的主要构成

资料来源：贺建清，影子银行的风险与监管改革研究，《金融论坛》，2013年第3期，P17。

具体来说，我国影子银行体系的主要构成包括：

（1）商业银行理财产品。商业银行理财产品是指由商业银行发行的资金投资计划，该投资计划由目标客户提供资金，并享受投资收益；由商业银行代理投资，并收取一定的管理费；资金主要投资于金融市场（包括股票、债券、票据、信贷资产和其他资产）中。它之所以被列入我国影子银行体系，主要原因有三：一是从创新性角度来看，商业银行为满足投融资者的需求，创造性地利用监管漏洞进行金融创新，理财产品将不同期限的资金投放到不同期限的项目中去，具有资金期限错配和流动性转换的特征；二是从盈利性角度来看，理财产品突破了中国人民银行对商业银行人民币存款利率上限设置，将所吸引的客户存款投向长期贷款之中，实现了商业银行的利润最大化；三是从安全性角度来看，理财产品属于商业银行的表外业务，其规模大小不受商业银行资本金的限制，也不会影响商业银行的资本充足率。商业银行只充当信用中介和资金管理者的角色，投资风险由客户自行承担。因此，商业银行理财产品可视为国外影子银行体系中创新结构性产品的简化。

（2）银信合作。银信合作是我国影子银行体系中最典型的表现形式。由于信托机构无法吸收公众存款，因此，它必须利用商业银行的客户资源和资金优势。而银信合作也属于商业银行的表外业务，商业银行利用该产品转移了自身的信用风险和市场风险，规避了监管机构对贷款规模和存贷比的限制。银信合作包括融资类银信合作和票据类银信合作，前者是指商业银行与信托机构签订委托协议，由商业银行发起设立信贷类理财产品来募集资金，再以单一资金信托方式交予信托机构，用于对特定经济主体进行融资，后者是指商业银行将贷款（或已贴现票据）转让给信托机构，信托机构通过证券化将其设计、包装后再销售给客户及机构投资者，主要包括信托贷款理财、信贷资产理财、票据资产理财、股票质押融资等。在此过程中，商业银行为影子银行承担了隐性担保，增加了引发系统性风险的可能性。因此，银监会分别于 2010 年和 2011 年出台了《关于规范银信理财合作业务有关事项的通知》和《关于进一步加强银信合作业务通知》，以构建传统银行体系与影子银行体系之间的防火墙。

（3）委托贷款和未贴现的银行承兑汇票。委托贷款是指由政府部门、企事业单位等委托人提供资金，商业银行接受委托人的委托，按照委托人确定的贷款用途、金额、对象、利率、期限等条件代为发放、监督使用并协助收回的贷款业务。商业银行在此过程中并不承担信贷风险，而只作为中介机构收取一定的手续费。目前，我国委托贷款主要表现为两种形式：一是上市公司向其子公司或关联企业以低利率发放委托贷款；二是企业将其闲置资金以信托贷款方式向资金需求企业融资，从中获取高额利息收入。银行承兑汇票是商业汇票的一种，它的出票人是在承兑行开立存款账户的存款人，出票人向开户行申请并经开户行审查同意承兑，保证在指定日期无条件支付确定金额给收款人或持票人。开户行对出票人签发的商业汇票进行承兑，实际上是开户行认可出票人的资信而予以信用支持。银行承兑汇票并非全部属于影子银行业务，只有那些未贴现的银行承兑汇票才算做影子银行业务。这是因为，票据贴现后将并入银行的资产负债表，占用银行的信用额度，并纳入存贷比考核范畴；而未贴现的银行承兑汇票则在表外，进入市场流通。

（4）广泛的民间融资体系。这主要是指经监管机构或政府相关部门批准设立的准金融机构和专业性公司，它们不吸收公众存款，而是依据核准的业务范围，为支持特定群体运用行政手段服务特定对象，或为达到特定目标而创设的特殊功能机构，主要包括小额贷款公司、农村资金互助社、青年互助与创业信贷、融资性担保公司、私募股权投资基金和典当行等。这类机构的资金来源多为自有资本金和相关业务收入，与传统银行体系和其他金融机构很少有直接资金往来。另外，民间融资体系还包括一些民间金融组织，它们是指我国民间、非正规的从事融资借贷等金融业务的组织，如地下钱庄。此类民间地下金融长期处于监管的灰色地带，较一般的民间融资活动风险更大。

3.1.3 我国影子银行的主要特征

对于我国影子银行的主要特征，我们主要基于以下三方面进行考察：一是是否被纳入正规的金融监管体系；二是是否具备显著的高杠杆经营特征和大规模的期限错配；三是是否具有关联性和传染性进而引发系统性风险的可能。具体如下。

1. 我国影子银行仍处在金融监管的范围之内。

从对资金来源的监管来看，主要是针对影子银行资金流入规模的监管。例如，2011 年各家商业银行激烈争夺存款资源，特别是在月末和季末大幅扩张短期理财产品发行以变相吸收储蓄，银监会随即在 2011 年下半年叫停短期理财产品，控制该类产品规模的大幅增长，以制止此类变相高息揽储的监管套利行为。而且，监管部门当前社会融资总量的统计口径中已包含银行理财产品，各家商业银行理财产品的明细和运行情况须定期报送监管部门。银行理财业务的监管法规主要包括《商业银行个人理财业务管理暂行办法》（2005 年）和《商业银行理财产品销售管理办法》（2012 年）。从对资金运用的监管来看，主要是针对具体的资金投向进行窗口指导。2012 年年底，监管当局对影子银行的资金运用监管又有趋紧态势，例如，对于承担公共租赁住房、公路等公益性项目的地方融资平台禁止通过财务公司和信托公司等融资。另外，监管部门对相关非银行金融机构的准入、资本监管等方面也进行了较为严格的规定，颁布实施了一系列审慎的监管制度，如《非银行金融机构行政许可事项实施办法》《企业集团财务公司管理办法》《企业集团财务公司风险监管指标考核暂行办法》《消费金融公司试点管理办法》以及《汽车金融公司管理办法》等。同时，为防止商业银行与信托公司之间出现大规模的风险传染，2011 年初监管部门下发《关于进一步规范银信理财合作业务的通知》，要求商业银行将银信合作业务的表外资产转入表内，明确银信合作业务的风险归属。

2. 我国影子银行尚不具备显著的高杠杆特征和大规模的期限错配。

发达国家拥有成熟的金融市场和相关配套体系的支撑，因而其影子银行体系的产品种类和规模都很成熟。相比之下，我国非银行金融机构和金融市场发展相对滞后，且分业监管较为严格，致使我国影子银行体系产品结构简单、产品品种单一，各类金融衍生品和资产证券化并未全面展开，整体杠杆率相对偏低且在可控范围内。可以说，目前我国的影子银行体系更多地体现了投融资服务中介的基础性功能，还处于相对较低的层次，尚不具备发达国家影子银行体系高杠杆率的特征。具体而言，监管当局要求我国银行理财产品的资产池必须单独管理，并进行充分的信息披露，以便保证每笔资金都有相对应的资产，每笔收益基本可以实现风险覆盖。而且，在理财资金的投资项目中，超过 90% 的资产期限都在 5 年以内，与商业银行业务的期限错配程度相当。对于我国的信托公司，监管部门要求其不能负债经营，也不能向银行贷款，因此，根本不具备杠杆经营的条件。信托业务的资金也要实施封闭式运行，投资期限和项目期限须一致，因而也不具备高杠杆和期限错配的特征。

3. 我国影子银行尚不具备引发系统性风险的可能。

我国影子银行体系尚处初期发展阶段，其信用规模与影响程度相对较小，尚未成为我国金融体系产生系统性风险的来源。从参与主体来看，发达国家的影子银行体系以高盛、美林和摩根士丹利等投行为主体，行业集中度高，业务规模和市场份额都很大。而目前我国影子银行体系参与主体多，行业集中度低，它们多为受控于传统商业银行或其他主体的内部影子银行机构，具有很强的依附性，在业务规模、市场份额和影响力等方面无法与传统银行体系相提并论。信托公司虽为我国影子银行体系中的独立主体，但其业务活动多为银行主导的信用中介链条中的银信合作理财，仍对传统银行体系具有强烈依赖。因此，我国影子银行更具“银行的影子”的特征。从资金投向来看，发达国家的影子银行体系一般投资于股票市场和债券市场，而我国影子银行体系的资金较多地投向信贷市场，与传统银行体系具有很强的同质性和替代效应。由此可见，受到金融市场发展水平和严格监管制度的限制，我国影子银行体系尚未发挥保值增值、流动性增强以及风险管理等功能，而只是对传统银行体系中的金融业务进行了渠道变通。因此，我国影子银行体系远不具备由于结构性产品过度复杂、高杠杆和期限高度错配、过度高频交易和投机性交易盛行而加剧金融脆弱性和引发金融危机的可能性，尚未成为我国系统性金融风险的来源。

3.1.4 中外影子银行的比较

我国影子银行体系与发达国家的影子银行体系在资金来源、金融创新、参与主体和承担功能等方面存在较大差异（见表3－1）。从资金来源上看，发达国家影子银行体系多通过发行资产支持商业票据、资产支持证券等短期债务工具从资金批发市场上获得廉价资金，以此购买长期资产或补充临时性资金缺口，其资金来源是货币市场基金和养老基金等金融机构。而我国影子银行体系的资金来源主要是居民储蓄、企业定期存款和闲置资金等（尤其对于那些与信贷相关的理财产品），规模小且来源不稳定，从本质上看是一种零售型融资方式。从金融创新上看，发达国家影子银行体系在资产证券化基础上创新出诸多金融衍生产品，并通过再证券化不断地复制和转卖，形成了影子银行完整的创新体系。而我国影子银行的金融创新多为机构创新，即涌现出一些民营融资机构，这些机构仅限于发放抵押或信用贷款，实际上是对传统银行体系融资渠道的补充。而商业银行的信贷类理财产品虽然涉及到资产证券化的基础操作，但结构较为简单，未进行进一步的延伸和发展。从参与主体上看，发达国家影子银行体系的参与主体是银行以外的其他金融机构，这些机构各司其职，从贷款的发放、打包、转让、证券化及创造衍生品，相互衔接非常紧密。

尽管后来也有一些传统银行参与其中，但影子银行体系与传统银行体系之间仍是竞争大于合作的平行关系。而目前我国的影子银行体系仍是由银行主导的，影子银行体系内的各家机构业务和功能也都相似，与传统银行体系的关系是合作大于竞争。从承担功能上看，发达国家影子银行体系超越了商业银行的核心功能，并以杠杆扩张、风险分散和逃避监管为主要目的，属于金融交易型影子银行。而我国影子银行体系更多的是替代商业银行充当融资中介的角色，提供直接融资服务，满足经济主体的融资需求。其主要功能在于信用创造，属于直接融资型影子银行，是传统银行体系业务的延伸。

表3-1　　中外影子银行体系的比较

项目	中国影子银行	发达国家影子银行
资金来源	以信贷融资和股权融资（权益资金）为主	货币市场基金和养老基金等，超越了信贷融资和股权融资的范畴
金融工具	产品结构较为简单，主要包括：理财产品、委托贷款、承兑汇票、对冲基金、私募股权基金	产品结构复杂，主要包括：证券化产品（CDO、CDS）、结构化投资工具、对冲基金、私募股权基金
金融机构	商业银行、信托公司、担保公司、财务公司和民间金融机构	投资银行、按揭金融公司、结构化投资实体
监管现状	适用于各个监管主体的不同监管措施，基本在监管范围内	依靠机构自身约束和资本市场调节，缺乏有效监管
杠杆化程度	基本不存在负债经营，杠杆率低	杠杆倍数高达40倍
期限错配	与传统银行体系的期限错配功能相当	在回购和资产证券化作用下，以短期批发融资为主，期限错配现象较为严重
关联性大小	与传统银行体系的业务风险基本隔离	与传统银行体系的风险关联度高（通过股权投资和业务往来）

续表

项目	中国影子银行	发达国家影子银行
风险特征	存在刚性兑付下的道德风险，但尚不具备引发系统性风险的可能性	由于关联性和传染性较高，易引发系统性风险
风险传递	风险基本在影子银行内部传递	风险在整个金融体系传递
承担功能	提供直接融资、进行信用创造，属于直接融资型影子银行，是传统银行体系业务的延伸	与实体经济脱节、以杠杆扩张、风险分散和逃避监管为主要功能，属于金融交易型影子银行，超越了传统银行体系的业务范围，是典型的金融创新

3.2 我国影子银行规模测度

近年来，我国影子银行体系迅猛发展，但各界对我国影子银行体系的界定存在重大分歧，增加了影子银行体系规模测度的难度。正因如此，目前我国影子银行规模尚不具备明确的统计口径，自然没有准确地统计数据。但许多学者和机构出于研究需要进行了大量研究和分析，针对各种不同口径的影子银行规模进行了初步测算和判断。

就国外学者和机构的测度而言，Herrero 和 Schwarts（2012）将影子银行的范畴划定为信托贷款、委托贷款、银行承兑汇票和民间借贷，认为 2011 年我国影子银行规模为 12.8 万亿元，约占我国信贷总额的 22%。国际货币基金组织（IMF）2012 年半年度的《全球金融稳定报告》指出，通过影子银行提供的借贷总额约占中国 GDP 的 40%。瑞士银行经济学家汪涛判断，中国影子银行规模不小于人民币 13.6 万亿元，相当于 GDP 的 1/4，最高可能达到 24.4 万亿元，约占 GDP 的 50%。[①] 中金公司首席经济学家彭

① 《影子银行的风险》，中国社会科学院宏观经济运行与政策模拟实验室、中国社会科学院经济所《宏观经济与政策跟踪》课题组，2012 年第 92 期（总第 1314 期），http://ie.cass.cn/window/jjzs.asp?id=1011。

文生认为，近年来中国影子银行发展迅速，据估算目前影子银行规模约有27 万亿元。[①] 摩根大通中国首席经济学家朱海斌指出，2012 年中国的影子银行规模是 36 万亿元，占 GDP 的 70% 左右，而且，通过国际比较可知，中国的影子银行规模还太小，完全有更多更大的发展空间。[②]

就国内研究而言，巴曙松（2009）将正规信贷渠道以外的委托贷款、银信合作、信贷理财产品等形式的融资视为影子银行，估计得到 2010 年中国影子银行的融资总额达到 3. 85 万亿元。中信建投证券在其研究报告中将我国影子银行划分为三个层次：一是银行主导型类银行，规模为 10. 3 万亿元；二是采用传统银行模式的非银行机构，规模为 10. 2 万亿元；三是较少受到监管或无监管下的类银行，规模为 5. 3 万亿元。[③] 中国社科院的研究报告将我国影子银行规模的测度口径划分为四个层次，分别为：最窄口径只包括银行理财业务与信托公司两类；较窄口径包括最窄口径、财务公司、汽车金融公司、金融租赁公司、消费金融公司等非银行金融机构；较宽口径包括较窄口径、银行同业业务、委托贷款等出表业务、融资担保公司、小额贷款公司与典当行等非银行金融机构；最宽口径包括较宽口径与民间借贷。他们的估计结果表明，即使采用最窄口径，2012 年底中国影子银行体系也规模巨大，达到 14. 6 万亿元（基于官方数据）或 20. 5 万亿元（基于市场数据）。前者占到 GDP 的 29% 与银行业总资产的 11%，后者占到 GDP 的 40% 与银行业总资产的 16%。[④]

由此可见，尽管各界对于我国影子银行体系具有快速增长的特点，且对宏观经济的影响越来越大已达成共识，但关于我国影子银行的分类和规模至今没有官方的权威发布，诸多学者和机构的测算结果大致在 4 万亿 ~

---

① 《中金预测中国影子银行规模约 27 万亿》，新京报，2013 年 4 月 19 日，www. bjnews. com. cn/finance/2013/04/19/259056. html。

② 《朱海斌：中国影子银行规模是 GDP 的 70% 还太小》，证券时报网，2013 年 6 月 27 日，http：//kuaixun. stcn. com/2013/0627/10566675. shtml。

③ 中信建投证券发展部，激辩：中国“影子银行”与金融改革，《金融发展评论》，2013 年第 2 期。

④ 《中国金融监管报告 2013》，中国社会科学院金融法律与金融监管研究基地，2013 年 10 月 8 日。

36 万亿之间，这些数据大致反映了影子银行体系在我国金融体系中的占比情况。而且，与国外研究机构的估算结果相比，国内学者和机构的估算相对保守。

3.2.1 模型设定

本书借鉴李建军（2010）的研究思路，利用“未观测信贷”的概念，从信贷需求（即借款人）角度，通过国民经济核算和金融统计分析的方法对我国影子银行的规模进行测算。李建军（2010）指出，未观测信贷（non-observed loan，NOL）是民间金融、地下金融、住户内部借贷活动形成贷款余额。农户、私营企业和个体工商经济单位等中小经济主体自身经济规模较小、可使用的抵押资产价值和借款数额也相对较小，对于正规金融机构而言，对这些经济主体发放贷款的相对成本和信用风险较大，因此，正规金融机构缺乏提供贷款的积极性。这使得中小经济主体不得不依赖正规金融以外的融资渠道，通过民间借贷、非正规拆借等途径解决资金困难成为他们的必然选择。可以说，未观测信贷是经济发展过程中金融抑制和金融资源错配的产物，它与正规金融相伴而生，并不断发展壮大。我国改革开放以来，金融体系改革滞后于经济体制改革和经济发展，未观测信贷作为正规金融的补充，满足了农户、私营企业和个体工商经济单位的资金需求，为构建我国多层次的信贷市场提供了微观金融基础，提高了金融资源的配置效率和使用效率，为我国经济的持续、快速发展提供金融支持。

未观测信贷对于农户、私营企业和个体工商户等中小型经济主体的生产和经营活动的支撑作用有多大，可以从其规模上反映出来。与正规金融机构的贷款统计相类似，未观测信贷是指一定时期内通过未观测金融活动的配置所产生的贷款数额，在观测期的期末时点上未偿付的余额即为未观测信贷规模。与正规金融机构贷款统计的不同之处在于，由于未观测信贷具有很强的隐蔽性，很难从信贷供给者角度进行监测和统计，只能从借款人角度进行测算。

利用未观测信贷的原理测算我国影子银行规模的基本原理如下：一定时

期内全社会经济活动主体实现的GDP对应全部金融机构的信贷支持，也就是说，实现一定的GDP需要依赖一定的贷款规模，用R_{YL}表示，R_{YL} = 全社会未偿还贷款余额/GDP，称为“单位GDP的贷款系数”，它体现了正规金融机构对经济活动的支持程度。而影子银行的借款人主要是农户、私营企业和个体工商户等中小经济主体，他们的信贷需求一般难以从正规金融渠道得到完全满足，需要通过影子银行寻求融资支持。用R_{YLS}表示影子银行借款人从正规金融机构获得的贷款与其实现的GDP的比值，R_{YLS}可以细分为农户的单位GDP贷款系数R_{YLF}和私营企业及个体工商户的单位GDP贷款系数R_{YLE}。

用S_{LS}表示影子银行借款人从正规金融机构获得的借款占全部借贷融资的比重，它反映出正规金融机构信贷对影子银行借款人的贷款满足程度，称为“正规贷款满足率”。S_{LS}可以细分为农户的正规贷款满足率S_{LF}和私营企业及个体工商户的正规贷款满足率S_{LE}。S_{LS}、S_{LF}和S_{LE}可用公式表示为：

$$S_{LS} = R_{YLS}/R_{YL} \tag{3.1}$$

$$S_{LF} = R_{YLF}/R_{YL} \tag{3.2}$$

$$S_{LE} = R_{YLE}/R_{YL} \tag{3.3}$$

影子银行借款人在一定时期内创造的GDP用Y_S表示，Y_S可以细分为农户创造的GDP（Y_F）和私营企业及个体工商户创造的GDP（Y_E）。农户、私营企业及个体工商户的未观测信贷用NOL_S表示，NOL_S可细分为农户的未观测信贷NOL_F和私营企业及个体工商户的未观测信贷用NOL_E。农户、私营企业及个体工商户的未观测信贷可由下式得到：

$$NOL_S = R_{YL} \cdot Y_S \cdot (1 - S_{LS}) = Y_s \cdot (R_{YL} - R_{YLS}) \tag{3.4}$$

$$NOL_F = R_{YLF} \cdot Y_F \cdot (1 - S_{LF}) = Y_F \cdot (R_{YL} - R_{YLF}) \tag{3.5}$$

$$NOL_E = R_{YLE} \cdot Y_E \cdot (1 - S_{LE}) = Y_E \cdot (R_{YL} - R_{YLE}) \tag{3.6}$$

实际上，由于农户、私营企业及个体工商户从正规金融机构获得的贷款大多为短期贷款，因此，在选择比较基础时，应采用金融机构的未偿还短期贷款余额来确定这些中小型经济主体的正规贷款满足率。然后，采用短期贷款占全部贷款的比率t_S，对短期未观测信贷进行调整得到影子银行规模如下：

$$Shadbank = (NOL_F + NOL_E)/t_S \tag{3.7}$$

3.2.2 数据处理

首先，估算农户、私营企业及个体工商户创造的 GDP。农户创造的 GDP 容易得到，可以用第一产业的产值表示。而私营企业及个体工商户创造的 GDP 在公开统计核算中并没有进行专门分类，需要依据一定的标准对 GDP 进行分割。GDP 分割的依据是资本和劳动力这两种生产要素。我国并没有对资本存量进行统计核算，也没有对私营企业及个体工商户的固定资产投资进行分类统计，因此很难准确估计不同经济单位的资本规模，也就无法依据资本的配置比重分割 GDP。而我国的就业人数是分类统计的，可以按照劳动力投入比例分割 GDP。需要注意的是，以就业比重为依据进行 GDP 分割，要假定在非农业产值的生产过程中，资本和劳动力的有机构成并不因所有制性质的不同而产生差异，这样就可以使用私营企业及个体工商户的就业人数与第二、第三产业的单位就业人数创造的产值乘积估算出私营企业及个体工商户创造的 GDP。由于后文中动态随机一般均衡模型的贝叶斯估计要求使用高频数据，故此处选择的样本数据是 1996 年第一季度至 2013 年第三季度之间宏观经济变量的季度数据，包括国内生产总值、第一产业生产总值、全部城镇单位从业人员数和其他单位从业人员数，上述数据均来自于中经网。而且，我们对国内生产总值和第一产业生产总值进行了价格调整和季节调整，其中价格调整以 1996 年为基期，季节调整使用 Census X－12 季节调整方法，这样做也是为了满足后文的贝叶斯估计对数据的要求。

其次，估算各经济主体的正规贷款满足率和短期贷款占全部贷款的比率。金融机构各项贷款（月末数）数据来自于中经网。短期贷款、农业贷款和私营企业及个体贷款数据来自于《中国统计年鉴》。但自 2010 年起，《中国统计年鉴》中不再显示短期贷款的细分项目，因此，2010 年以后的农业贷款和私营企业及个体贷款数据使用中国人民银行《金融机构贷款投向统计报告》中农户贷款和小微企业贷款余额的季度数据进行替代。对于原始数据中的月度数据，通过加总和平均化处理得到季度数据，对于个别缺失的月度数据在处理过程中根据上下年同期水平进行插值补充。对于原始数据中的年度数据，采用统计平滑处理得到季度数据。

本书利用 Eviews6.0 完成以上数据处理过程，得到我国影子银行规模估算的基础数据如表 3－2 所示。

表 3－2　　1996 年第一季度～2013 年第三季度我国影子银行规模估算的基础数据

	农户创造的 GDP（亿元）	私营企业及个体工商户创造的 GDP（亿元）	单位 GDP 的贷款系数	农户的单位 GDP 贷款系数	私营企业及个体工商户的单位 GDP 贷款系数	短期贷款占全部贷款的比率
	Y_F	Y_E	R_{YL}	R_{YLF}	R_{YLE}	t_S
1996Q1	6142.59	1853.34	0.91631	0.04670	0.00619	0.65946
1996Q2	6562.63	1945.45	0.92184	0.04708	0.00647	0.65874
1996Q3	7019.99	2034.92	0.93101	0.04742	0.00672	0.65809
1996Q4	7216.57	2218.56	0.94936	0.04773	0.00696	0.65749
1997Q1	6723.69	2273.49	1.00920	0.05153	0.00696	0.68134
1997Q2	7086.73	2387.44	1.05759	0.05473	0.00697	0.70278
1997Q3	7129.83	2446.41	1.11937	0.05746	0.00697	0.72216
1997Q4	7240.94	2834.76	1.17923	0.05981	0.00698	0.73976
1998Q1	7147.56	2912.38	1.21038	0.06342	0.00719	0.72886
1998Q2	7314.38	3046.65	1.20470	0.06687	0.00740	0.71874
1998Q3	7341.52	3156.26	1.20810	0.07016	0.00759	0.70932
1998Q4	7511.07	5488.43	1.20608	0.07332	0.00778	0.70054
1999Q1	7594.88	5508.85	1.22602	0.07376	0.00811	0.69551
1999Q2	7672.59	5746.77	1.21645	0.07419	0.00844	0.69068
1999Q3	7679.33	5925.86	1.20475	0.07461	0.00876	0.68604
1999Q4	7632.24	6914.37	1.19484	0.07501	0.00906	0.68158
2000Q1	7646.15	6970.80	1.17524	0.07485	0.00929	0.67638
2000Q2	7712.99	7280.78	1.14607	0.07468	0.00952	0.67132
2000Q3	7707.33	7561.62	1.12524	0.07452	0.00974	0.66641
2000Q4	7731.58	8812.77	1.10896	0.07436	0.00996	0.66164
2001Q1	7920.55	9035.22	1.07776	0.07702	0.01089	0.64462

续表

	农户创造的GDP（亿元）	私营企业及个体工商户创造的GDP（亿元）	单位GDP的贷款系数	农户的单位GDP贷款系数	私营企业及个体工商户的单位GDP贷款系数	短期贷款占全部贷款的比率
	Y_F	Y_E	R_{YL}	R_{YLF}	R_{YLE}	t_S
2001Q2	7973.02	9431.62	1.05280	0.07966	0.01182	0.62865
2001Q3	8067.15	9715.22	1.03638	0.08226	0.01273	0.61362
2001Q4	8142.30	11276.65	1.02491	0.08483	0.01364	0.59945
2002Q1	8469.95	11549.98	1.04036	0.08695	0.01380	0.58993
2002Q2	8569.26	12074.87	1.02993	0.08897	0.01396	0.58116
2002Q3	8612.88	12551.91	1.02503	0.09089	0.01411	0.57304
2002Q4	8618.30	15446.37	1.02717	0.09272	0.01426	0.56551
2003Q1	8614.46	16136.85	1.02254	0.09486	0.01514	0.55420
2003Q2	8720.04	16809.30	1.02589	0.09687	0.01596	0.54397
2003Q3	8927.13	17510.87	1.02190	0.09876	0.01674	0.53467
2003Q4	8961.12	19976.91	1.02317	0.10054	0.01747	0.52618
2004Q1	9758.26	20218.63	0.98032	0.10383	0.01914	0.51562
2004Q2	10235.59	21538.14	0.94484	0.10706	0.02078	0.50565
2004Q3	10560.65	22502.88	0.91642	0.11023	0.02239	0.49623
2004Q4	10631.60	25114.34	0.90060	0.11335	0.02397	0.48733
2005Q1	10525.74	26400.04	0.86814	0.11800	0.02421	0.47714
2005Q2	10660.40	27759.46	0.83252	0.12263	0.02446	0.46741
2005Q3	10859.97	28826.60	0.80574	0.12725	0.02470	0.45809
2005Q4	10951.62	33047.81	0.78333	0.13185	0.02494	0.44917
2006Q1	10915.30	34643.17	0.77989	0.13245	0.02552	0.44585
2006Q2	11249.71	36435.93	0.76385	0.13301	0.02607	0.44278
2006Q3	11444.93	37671.18	0.75915	0.13354	0.02659	0.43992
2006Q4	11599.29	41137.69	0.75444	0.13405	0.02707	0.43726
2007Q1	12244.81	42718.67	0.73389	0.13425	0.02807	0.43731
2007Q2	12471.03	45093.80	0.71919	0.13444	0.02899	0.43736
2007Q3	12987.70	46858.05	0.71647	0.13462	0.02985	0.43741

续表

	农户创造的GDP（亿元）	私营企业及个体工商户创造的GDP（亿元）	单位GDP的贷款系数	农户的单位GDP贷款系数	私营企业及个体工商户的单位GDP贷款系数	短期贷款占全部贷款的比率
	Y_F	Y_E	R_{YL}	R_{YLF}	R_{YLE}	t_S
2007Q4	13208. 67	50795. 93	0. 71426	0. 13478	0. 03064	0. 43745
2008Q1	14777. 19	51809. 23	0. 69053	0. 13638	0. 03147	0. 43053
2008Q2	14797. 27	54713. 44	0. 66659	0. 13792	0. 03226	0. 42412
2008Q3	14932. 09	56276. 80	0. 65972	0. 13938	0. 03301	0. 41816
2008Q4	14708. 01	58065. 29	0. 66263	0. 14079	0. 03373	0. 41262
2009Q1	14728. 93	56614. 24	0. 72704	0. 14267	0. 03789	0. 39864
2009Q2	15062. 10	59500. 50	0. 71421	0. 14440	0. 04172	0. 38658
2009Q3	15210. 04	61983. 51	0. 71345	0. 14600	0. 04526	0. 37607
2009Q4	15489. 38	67122. 63	0. 71685	0. 14749	0. 04854	0. 36682
2010Q1	15877. 27	69192. 39	0. 70924	0. 14972	0. 07580	0. 36113
2010Q2	16512. 15	72829. 20	0. 69464	0. 15195	0. 10305	0. 35596
2010Q3	17014. 36	75039. 11	0. 69077	0. 15418	0. 13030	0. 35123
2010Q4	17258. 89	79083. 34	0. 69210	0. 15641	0. 15756	0. 34690
2011Q1	17511. 25	80469. 50	0. 69293	0. 16169	0. 17103	0. 35347
2011Q2	18437. 93	83893. 94	0. 69279	0. 17415	0. 19535	0. 35960
2011Q3	19096. 32	86067. 79	0. 70143	0. 15884	0. 19145	0. 36534
2011Q4	19273. 27	95634. 41	0. 71976	0. 15261	0. 19637	0. 37072
2012Q1	19725. 53	94418. 51	0. 75867	0. 15437	0. 18132	0. 37721
2012Q2	20043. 38	98259. 22	0. 76598	0. 15419	0. 18225	0. 38324
2012Q3	20292. 25	99895. 44	0. 78140	0. 15233	0. 18355	0. 38887
2012Q4	20611. 42	106125. 63	0. 80331	0. 14581	0. 18384	0. 39414
2013Q1	20660. 75	104775. 27	0. 83367	0. 14917	0. 17914	0. 39677
2013Q2	20901. 94	108512. 88	0. 83927	0. 15116	0. 17993	0. 39923
2013Q3	21378. 16	111645. 57	0. 84310	0. 15836	0. 18240	0. 40153

注：表中 Q1 代表“第一季度”，Q2 代表“第二季度”，Q3 代表“第三季度”，Q4 代表“第四季度”。

3.2.3 实证结果

利用章节3.2.1中的（3.1）式~（3.7）式和章节3.2.2中的基础数据对1996年第一季度至2013年第三季度的中国影子银行规模进行测算，测算结果参见表3-3。由表3-3可知，自1996年以来，我国影子银行规模不断增长，1996年第一季度我国影子银行规模只有10657.76亿元，到2013年第三季度已达到220161.62亿元，18年间扩大了近21倍。除个别年份以外，我国影子银行规模的增长率均为正值。另外，我们在图3-2中绘制了我国影子银行规模与金融机构全部贷款余额之比。由图3-2可知，1996年第一季度我国影子银行规模占金融机构贷款余额比重约20.03%左右，2006年第四季度和2007年第四季度达到最高值37%左右，最低值出现在1997年第一季度，约为19%。

表3-3　1996年第一季度~2013年第三季度我国影子银行规模　单位：亿元

时间	影子银行规模	时间	影子银行规模	时间	影子银行规模
1996Q1	10657.75553	1999Q3	22981.26936	2003Q1	43752.6482
1996Q2	11418.11453	1999Q4	24568.77586	2003Q2	46100.50514
1996Q3	12283.54875	2000Q1	24455.81155	2003Q3	48333.11442
1996Q4	13076.08379	2000Q2	24635.87898	2003Q4	53894.92075
1997Q1	12794.71287	2000Q3	24809.43232	2004Q1	54278.53319
1997Q2	13681.67787	2000Q4	26728.04913	2004Q2	56318.91846
1997Q3	14252.56538	2001Q1	27249.62541	2004Q3	57698.81372
1997Q4	15449.19217	2001Q2	27960.14282	2004Q4	62351.65739
1998Q1	16055.40586	2001Q3	28750.92969	2005Q1	63242.51644
1998Q2	16654.63625	2001Q4	31792.65702	2005Q2	64182.44891
1998Q3	17119.61742	2002Q1	33786.73522	2005Q3	65234.31529
1998Q4	21533.60624	2002Q2	34983.49833	2005Q4	71683.09486
1999Q1	22229.17151	2002Q3	36183.33894	2006Q1	74465.28773
1999Q2	22740.21782	2002Q4	41907.75543	2006Q2	76739.40352

续表

时间	影子银行规模	时间	影子银行规模	时间	影子银行规模
2006Q3	79006.25222	2009Q1	119462.7543	2011Q3	148502.6927
2006Q4	84888.98488	2009Q2	125706.3123	2011Q4	164506.4244
2007Q1	85737.70221	2009Q3	133082.0365	2012Q1	176119.8871
2007Q2	87836.57981	2009Q4	146332.6446	2012Q2	181658.0108
2007Q3	90831.98816	2010Q1	145966.8872	2012Q3	186404.8391
2007Q4	96876.65857	2010Q2	146214.5559	2012Q4	201181.4542
2008Q1	98331.01312	2010Q3	145734.5839	2013Q1	208484.7934
2008Q2	100277.9232	2010Q4	148513.8599	2013Q2	215240.6698
2008Q3	102923.9292	2011Q1	145132.1781	2013Q3	220161.6196
2008Q4	107102.7054	2011Q2	142642.6445		

注：表中 Q1 代表“第一季度”，Q2 代表“第二季度”，Q3 代表“第三季度”，Q4 代表“第四季度”。

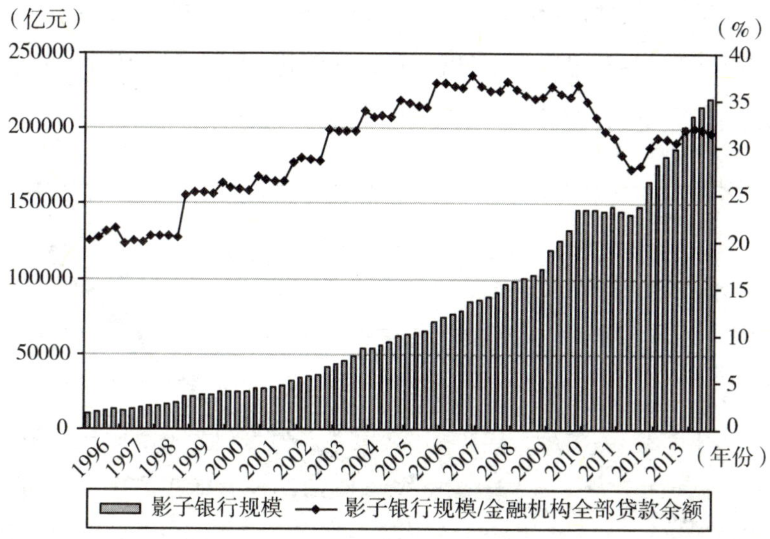

图 3－2　1996 年第一季度～2013 年第三季度我国影子银行规模及其占金融机构全部贷款余额比例

除总量规模以外，我们还可从测算过程中发现影子银行借款人本身出现了显著变化，即从以农户为中心转化为以私营企业及个体工商户为中心，这对于我国金融体制的深化改革具有方向性的启示。具体来说：图 3－3 绘制了农户的正规信贷规模和由（3.5）式计算出农户非正规信贷规模。由图 3－3 可知，农户对非正规信贷的依赖程度不断下降，而对正规金融的依赖程度大幅提高。这表明农村金融体制改革已经取得了显著成效，农村信用社、邮政储蓄、村镇银行以及小额贷款公司等正规机构对农业的支持力度大大提高，农户通过正规机构借贷基本能够满足其生产需要，从根本上改变了农户融资难的困境。与此相反，私营企业及个体工商户仍然主要依赖影子银行满足其融资需求。我们利用（3.6）式计算出私营企业及个体工商户的非正规信贷规模，并将其与金融机构全部贷款余额相比，得到私营企业及个体工商户对非正规信贷的依赖程度（见图 3－4）。除个别年份以外，私营企业及个体工商户的非正规信贷比重均呈上升态势。1996 年第一季度私营企业及个体工商户的非正规信贷比重约为 4.8%，2005 年以后该比重一直维持在 30%～40%之间。而且，由表 3－2 可知，私营企业及个体工商户从正规金融机构获得贷款的占其全部借贷的比重一直以来都很低，1996 年第一季度为 0.62%，2013 年第三季度达到最大，也仅有 18.24% 左右。实际上，私营企业及个体工商户的非正规信贷比重与其对国民经济的巨大贡献并不匹配。

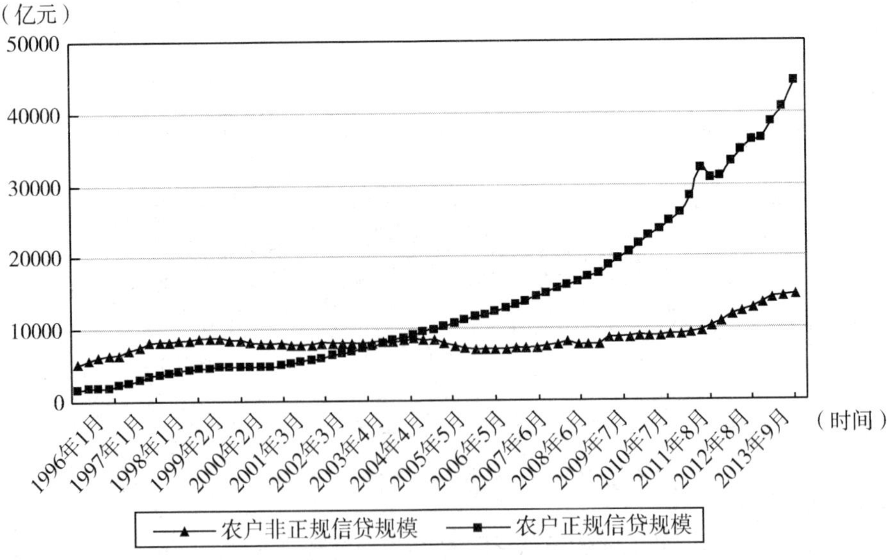

图 3－3　农户正规信贷规模与非正规信贷规模

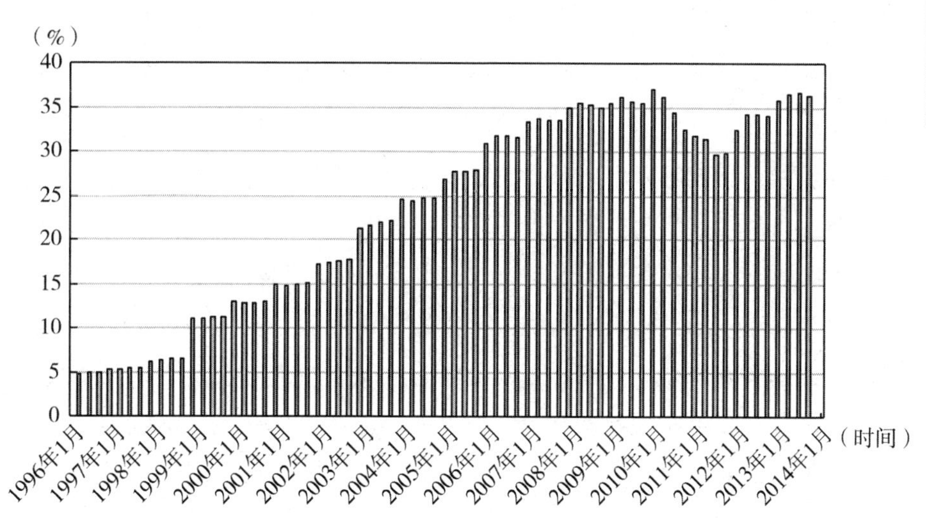

图 3－4　私营企业和个体工商户非正规信贷占金融机构全部贷款比例

需要指出的是，本书关于影子银行规模的测算还存在很多需要改进之处，如本书界定的影子银行借款人为农户和私营企业及个体工商户，未将自然人和大型企业纳入其中，实际上，他们也可能通过影子银行进行借贷。再如，本书对影子银行规模的测算以全部贷款与 GDP 的比率作为参照，并假定上述经济主体所需贷款比率不低于全部 GDP 的贷款化比率，但现实情况是，不同经济主体对资金的依赖程度不同，农户的投入资金比率要低于那些资本密集型中小企业，这些也是今后研究的方向。

3.3 我国广义流动性估计

3.3.1　影子银行的信用创造功能

1. 商业银行的信用创造功能。

影子银行的信用创造与商业银行的信用创造具有很多相通之处，我们先回顾一下商业银行的信用创造过程，以便更好地理解影子银行的信用创造功能。

在传统银行体系中，主要包括存款人（消费者和企业）、借款人（包括消费者和企业）和银行（商业银行和其他储贷机构）三类交易者。其中，商业银行是能够以派生存款的形式进行信用创造的主体。因为商业银行是唯一可以经营活期存款（支票存款）的金融中介机构，而活期存款是现代货币的重要组成部分。商业银行通过支票流通和转账结算，在发放贷款时直接在客户的银行账户上创造相应的活期存款，此时存款和放款同时增加，而储备并未减少。在不完全提现的情况下，这部分新增加的存款又成为可贷资金，可实现数次扩张，最终形成数倍于原始存款的派生存款。由此可见，商业银行的信用创造从本质上说是信用工具的创造。商业银行作为可贷资金的创造者，以非现金形式增加了货币供应量，扩大了存款规模、贷款规模和社会信用总量。而其他金融机构不接受活期存款，只能通过减少资金储备发放贷款，贷款发放后也无法增加存款，难以进行信用创造，因此，这些金融机构只是可贷资金的经纪人。①

（1）商业银行信用创造的前提条件。现代银行采用部分准备金制度和非现金结算制度构成商业银行创造信用的基础，也是商业银行存款创造的前提条件。

部分准备金制度又称存款法定准备金制度，国家以法律形式规定存款机构的存款必须按照一定比例，以现金和在中央银行存款形式留有准备的制度。对于吸收进来的存款，银行必须按一定比例提留存款准备，其余部分可以用于放款。若是在100%的全额准备制度下，则根本排斥银行用所吸收的存款去发放贷款的可能性，银行就没有创造存款的可能。部分准备金制度的建立，是银行信用创造能力的基础，对一定数量的存款来说，准备比例越大，银行可用于贷款的资金就越少；准备比例越小，银行可用于贷款的资金就越多。所以，部分准备金制度，是银行创造信用的基本前提条件。

非现金结算制度使人们能通过开出支票进行货币支付，银行之间的往

① 此部分主要参见胡庆康，《现代货币银行学教程》，复旦大学出版社，2001。

来进行转账结算，无须用现金。如果不存在非现金结算，银行不能用转账方式去发放贷款，一切贷款都必须付现，则无从派生存款，银行没有创造信用的可能，非现金结算制度也是商业银行创造信用的前提条件。

（2）商业银行创造信用的过程。为了便于说明商业银行体系是如何创造信用的，我们假定：第一，传统银行体系由中央银行及多家商业银行组成；第二，活期存款的法定准备率为 20%；第三，准备金由库存现金及在中央银行的存款组成；第四，公众不保留现金，并将一切货币收入都存入银行体系；第五，各商业银行都只保留法定准备金而不持有超额准备，其余均用于贷款或投资。

假设某人 A 向中央银行出售证券获得 \$10000，并以活期存款的形式存入甲银行。由于法定准备金率为 20%，甲银行只需以 \$10000 × 20% = \$2000 作为准备金，其余的 \$10000 ×（1 − 20%）= 8000 全部贷出。经过接受存款和发放贷款这两次交易以后，甲银行的 T 式资产负债表如表 3 − 4 所示。

表 3 − 4　　甲银行

资产		负债	
准备金	\$2000	客户 A 活期存款	\$10000
未偿贷款	\$8000		
总计	\$10000	总计	\$10000

假设甲银行将 \$8000 贷给客户 B，B 以借到的这 \$8000 全部用来向 C 购买商品，C 将收到的 \$8000 存入乙银行。乙银行在接受 C 的 \$8000 活期存款后，依 20% 的比率保留 \$8000 × 20% = \$1600 准备金，而将其余的 \$8000 ×（1 − 20%）= \$6400 全部贷出去。乙银行的资产负债表如表 3 − 5 所示。

表 3 − 5　　乙银行

资产		负债	
准备金	\$1600	客户 C 活期存款	\$8000
未偿贷款	\$6400		
总计	\$8000	总计	\$8000

假设乙银行将＄6400贷给客户D，而客户D又全部用来购买E的商品，E将收到的＄6400全部以活期存款的形式存入丙银行。丙银行依法留出20%，即＄1280作为＄6400存款的准备金，并将其余的＄6400×(1－20%)＝＄5120全部贷出。丙银行此时的资产负债表如表3－6所示。

表3－6　丙银行

资产		负债	
准备金	＄1280	客户C活期存款	＄6400
未偿贷款	＄5120		
总计	＄6400	总计	＄6400

丙银行将＄5120贷给F，F又用于购买……这个过程可以无限地继续下去。在这个过程中，每一家银行都在创造存款（见表3－7）。甲的存款是＄10000，乙的存款是＄8000。

表3－7　商业银行系统创造存款过程

n	活期存款	法定准备金	贷款
1	ΔB	$r_d\Delta B$	$\Delta B(1-r_d)^1$
2	$\Delta B(1-r_d)^1$	$r_d\Delta B(1-r_d)^1$	$\Delta B(1-r_d)^2$
3	$\Delta B(1-r_d)^2$	$r_d\Delta B(1-r_d)^2$	$\Delta B(1-r_d)^3$
…	…	…	…
n	$\Delta B(1-r_d)^{n-1}$	$r_d\Delta B(1-r_d)^{n-1}$	$\Delta B(1-r_d)^n$
…	…	…	…
总计	$\Delta D=\Delta B\sum_{n=1}^{\infty}(1-r_d)^{n-1}$	$\Delta R=r_d\Delta B\sum_{n=1}^{\infty}(1-r_d)^{n-1}$	$\Delta L=\Delta B\sum_{n=1}^{\infty}(1-r_d)^n$

由表3－7可知，若活期存款增加ΔB，经过商业银行系统的扩张以后，其活期存款总额增加到$\Delta D=\Delta B\sum_{n=1}^{\infty}(1-r_d)^{n-1}$。由于法定准备率一般都小于1，所以$(1-r_d)<1$，因而有：

$$\Delta D=\Delta B\sum_{n=1}^{\infty}(1-r_d)^{n-1}=\Delta B\frac{1}{1-(1-r_d)}=\Delta B\frac{1}{r_d}$$

同样，准备金总额 ΔR 也是公比小于 1 的几何集数。即：

$$\Delta R = r_d \Delta B \sum_{n=1}^{\infty} (1 - r_d)^{n-1} = r_d \Delta B \frac{1}{1 - (1 - r_d)} = \Delta B$$

可见，法定准备金总额的增加等于最初的原始存款增加额。这也意味着，由原始存款增加引发的存款扩张过程实际也就是这笔原始存款全部转化为法定准备金的过程。我们可以得到：

$$\Delta D = \frac{1}{r_d} \Delta R$$

2. 影子银行的信用创造功能。

根据上文商业银行的信用创造过程可知，该过程利用了存贷款期限错配所产生的资金时间价值，这意味着只有同时具备存贷款功能时，才可能通过吸收存款—发放贷款的机制进行派生存款和信用创造。随着金融创新和金融自由化的不断演变，影子银行也可以将全社会的储蓄者和借款人联系在一起，通过各种融资性金融工具在传统银行体系之外执行金融中介职能，改变了整个金融市场的信用基础。那么功能分离的影子银行体系是否与商业银行一样，具有到期日转换和信用创造的功能呢？回答是肯定的。尤其在次贷危机中，美联储直接在货币市场上大批购买影子银行的各种批发性证券资产，进而增加了基础货币，并扩张了美联储的资产负债表，这意味着影子银行的信用创造潜力从公开途径得以释放。

实际上，影子银行体系具有与商业银行独立且平行的信用创造过程和货币供给机制。首先，从功能上看，在金融创新的新理念和新技术的支持下，影子银行体系能够独立吸收并配置资金，还具有结构化的现金流匹配能力，在不受中央银行法定存款准备金约束的情况下加速货币流动，实现流动性和信用规模的扩张。其次，从融资结构上看，影子银行体系呈现出短期化的货币市场融资特性。由于影子银行体系不能吸收存款，故其资金来源主要是货币市场基金等优良机构投资者，主要通过质押方式获取短期融资（如回购协议、同业拆借、商业票据的转贴现和再贴现等），分流了商业银行的储蓄资金。最后，从资金流向和用途上看，影子银行体系获取资金后，主要用于购买商业银行贷款等基础资产，进而打包组合呈各种结构性衍生产品出售给机构投资者和个人投资者。实际上，商业银行的资产结构中直接投资证券和其他金融理财产品的占比也越来越高。综上所述，影子银行将商业银行传统的以“零售并持有”为主的经营模式转变为以“创造产品并批发”为主的新模式，但影子银行与商业银行在功能、融资结构和资金用途上不断趋同，二者由从属关系逐步转变为平行关系，这是研究影子银行信用创造机制的理论基础。

影子银行体系的信用创造过程如图3-5所示。图3-5中包括三个市场：传统信贷市场、证券化市场和回购市场。首先，影子银行通过直接贷款将资金转变为债权，或通过资产证券化购买传统信贷市场中的银行贷款，将银行资产转移至表外。影子银行可以长期持有这些信用资产，或者出于追逐证券化收益的目的，以这些资产为基础进行结构组合，设计出具有广义流动性特征的各种结构性证券化衍生产品，向市场投资者出售。其次，影子银行具有独立的信用创造机制是以回购协议为中心的，回购协议使证券化产品成为一种具有流通职能和交易职能的“货币”，进而形成影子银行的内部信用。货币市场基金等存款性机构是影子银行的最主要的资金供给者，他们通过发行具有银行存款替代性的理财产品分流储蓄资金，并将所募集的资金以回购协议方式购买各种信用等级的证券化产品，或向回购交易的资金需求方提供融资。

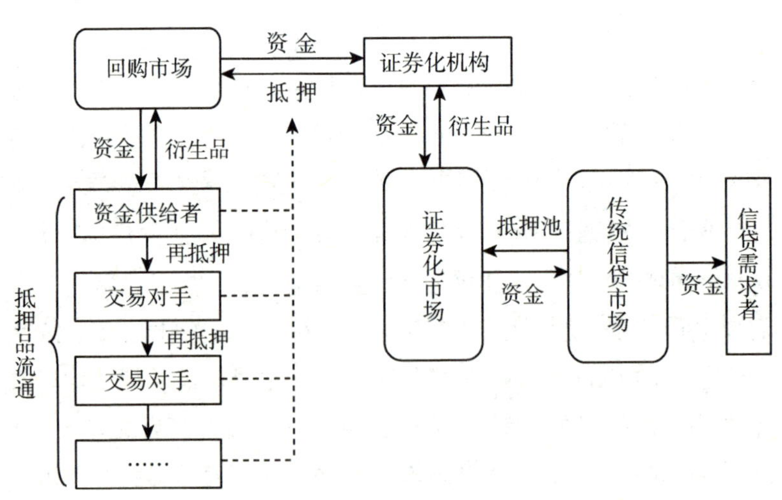

图3-5　影子银行的信用创造过程

资料来源：王博、刘永余，影子银行信用创造机制及其启示，《金融论坛》，2013年第3期。

为了便于说明影子银行的信用创造功能，我们以次贷危机作为典型案例进行说明。在次贷危机中，次级贷款机构和投资银行是次级贷款融资的重要媒介，在整个次级贷款运作模式中扮演着十分重要的角色。这表明影子银行不仅仅特指某个单独的金融机构，而是所有次级贷款机构和投资银行等形成的联合体。

借鉴李波和伍戈（2011）的模型，我们假定甲影子银行通过发行以次级按揭抵押贷款为基础的 CDO 及其他衍生品从市场募集资金 ΔH，且各影子银行留存的权益资金比例相同，均为外生固定的 a，则甲影子银行的负债为 ΔH(1－a)。甲影子银行的资产业务主要是运用融资所得的资金购买次级抵押贷款 ΔH，使得这些贷款成功地转移出银行的资产负债表。甲影子银行的资产负债表如表 3－8 所示。

表 3－8　　甲影子银行资产负债表简表

资产		负债及所有者权益	
次级贷款池	ΔH	CDO 及其他衍生品Ⅰ	ΔH(1－a)
		权益资金	aΔH
总计	ΔH	总计	ΔH

其后，乙影子银行通过从市场募集资金 ΔH(1－a)，形成其 CDO 及其他衍生品Ⅱ的负债 $\Delta H(1-a)^2$，而其资产业务主要是利用融资所得的资金购买 CDO 及其他衍生品Ⅰ共计 ΔH(1－a)。乙影子银行的资产负债表如表 3－9 所示。

表 3－9　　乙影子银行资产负债表简表

资产		负债及所有者权益	
次级贷款池	ΔH(1－a)	CDO 及其他衍生品Ⅱ	$\Delta H(1-a)^2$
		权益资金	aΔH(1－a)
总计	ΔH(1－a)	总计	ΔH(1－a)

与之相类似地，丙影子银行以乙影子银行 CDO 及其他衍生品Ⅱ为基础

的产品从市场募集资金 $\Delta H(1-a)^2$，形成丙影子银行 CDO 及其他衍生品Ⅲ的负债 $\Delta H(1-a)^3$，而丙影子银行的资产业务主要是利用融资所得的资金购买 $\Delta H(1-a)^2$ 的 CDO 及其他衍生品Ⅱ。这个过程无限继续下去，进入次级贷款运作链条中的各影子银行均实现了信用创造（见表 3－10）。

表 3－10　　影子银行体系信用创造过程

n	资产	负债	权益资金
1	ΔH	$\Delta H(1-a)$	$a\Delta H$
2	$\Delta H(1-a)$	$\Delta H(1-a)^2$	$a\Delta H(1-a)$
3	$\Delta H(1-a)^2$	$\Delta H(1-a)^3$	$a\Delta H(1-a)^2$
…	…	…	…
n	$\Delta H(1-a)^{n-1}$	$\Delta H(1-a)^n$	$a\Delta H(1-a)^{n-1}$
总计	$\Delta A=\Delta H\sum_{n=1}^{\infty}(1-a)^{n-1}$	$\Delta L=\Delta H\sum_{n=1}^{\infty}(1-a)^n$	$\Delta E=a\Delta H\sum_{n=1}^{\infty}(1-a)^{n-1}$

由表 3－10 可知，若最初的次级贷款池增加 ΔH，经过影子银行体系的 n 次扩张之后，整个影子银行体系内的资产总额增加到 $\Delta A=\Delta H\sum_{n=1}^{\infty}(1-a)^{n-1}$，而且 $0<(1-a)<1$，因而有：

$$\Delta A=\Delta H\sum_{n=1}^{\infty}(1-a)^{n-1}=\Delta H\frac{1}{1-(1-a)}=\Delta H\frac{1}{a}$$

其中，a 类似于中央银行设定的法定存款准备金率，具有创造信用的乘数效应。但两者的区别在于，影子银行游离在常规监管以外，a 的大小不受中央银行的强制约束，由影子银行自行把握。从理论上讲，如果 a 很小，甚至趋于 0，那么 $\frac{1}{a}$ 可能趋于无穷大，这意味着影子银行体系的信用创造功能也随之趋于无穷大。相反地，若最初的次级贷款池减少 ΔH，那么经过影子银行体系的 n 次收缩之后，其资产总额将迅速下降。

由此可见，商业银行直接创造了传统狭义流动性的货币资产，利用存短贷长从实体经济中获取固定资金的时间价值，而影子银行体系创造的是具有广义流动性特征的各种金融资产，其收益来源是抵押品价值看涨而得到的融资规模增长收益。一旦作为抵押品的基础资产价格下跌（如次贷危机中的房价），所有的再抵押融资者和原始抵押融资者将要求影子银行机构尽快按照原始价值偿还其抵押品，进而形成影子银行的抵押品“挤兑”，这将给整个金融系统造成极大风险。

就我国影子银行体系而言，目前缺少各类衍生品的打包组合再创造系统，我国影子银行主要从以下两方面进行信用创造。

一是银行理财产品的信用创造模式。市场上的投资者筹集资金购买理财产品，商业银行以单一信托方式将所募集的资金委托给信托公司。信托公司按照预先设立的信托计划将该笔资金借贷给企业。为保证合规使用资金，第三方托管户将负责保管资金，且托管银行负责用款监督和资金清算。在通常情况下，借款企业在商业银行开立账户，并将资金余额存放于该行，进而通过商业银行的派生存款创造了信用。实际上，私人股权基金的信用创造过程也与之相类似，基金管理公司把从高净值个人那里募集到的资金，通过股权投资方式或持有企业债权方式注入企业。这些资金会部分回流到金融系统参与信用创造。但私人股权基金和创业投资基金的信用创造乘数要小于银行理财产品。从本质上说，上述信用创造模式是通过银信合作变相放贷，扩大了派生存款的能力。

二是民间金融的信用创造模式。民间金融主要包括两类。第一类是以小额贷款公司、租赁公司和典当公司为主的准金融机构，其资金来源主要是变相吸收存款和银行贷款，再以短期流动资金贷款的形式出借给资金需求者。第二类是民间资金中介机构，他们的主要职能是为资金需求者和供给者牵线搭桥。例如，经济体中由A、B两家公司，C银行和D民间投资公司组成，两家企业各有1亿资金。现在A需要资金1.5亿元，此时D与B沟通，将B闲置的0.5亿元借给A。A利用该笔资金顺利完成投资，将借款如数归还D，进而D转还给B一段时间以后，B因业务扩展也需要资金1.5亿元，又通过D借到了A0.5亿元。至此，A、B都没有向银行贷款，而是通过D解决了资金问题。可见，影子银行在满足资金需求的同时，并没有增加货币存量，而是通过加速资金周转率扩大资金的信用创造能力，向社会注入大量流动性。

近年来，我国基础货币并未出现过快增长，但整体流动性却增长迅猛。这表明，虽然信用创造的方式和规模不同，但无论是影子银行体系内部的信用创造机制还是借助于商业银行的信用创造过程，都通过影响金融市场流动性增加了社会的货币供给量。这将冲击商业银行的信用创造主体地位，使得货币供给量调控出现偏离，进而对货币政策最终目标的实现提出挑战。

3.3.2 我国广义流动性的界定

在我国传统银行体系中，商业银行是市场货币供应的主体，中央银行通过调整法定存款准备金率影响可贷资金规模，进而控制派生存款和货币供应量。广义货币供应量M2等于基础货币与广义货币乘数之积，其中基础货币又称高能货币，是中央银行提供给商业银行用于多倍派生的，而广义货币乘数表明商业银行通过信用创造形成货币供应量的扩张能力。这表明，中央银行主要通过影响商业银行的信用创造能力来控制货币供应量，而不是直接向社会提供货币供应量。其中，商业银行的信用创造包括两方面含义：一是创造信用工具，如存款货币、各种票据等；二是创造信用，即扩大信贷规模。影子银行的出现分流了储蓄资金，如证券、信托和股权基金等金融机构能够吸收存款，典当、租赁和担保等机构也能够变相吸收存款，而且商业银行的理财产品，尤其是信贷类理财产品的规模不断增大，相当于向市场进行货币投放，致使广义货币供应量M2难以完全涵盖货币投放的真实水平，在原有的货币供应量统计口径下势必削弱了中央银行对货币供给量的调控能力和货币政策调控目标的指导意义。

在此背景下，中央银行于2010年12月24日首次公开提出“社会融资总量”（又称社会融资规模）概念，用于衡量一定时期内（每月、每季或每年）实体经济部门（即企业和个人）在金融市场上的全部融资规模。温家宝总理在第十一届全国人民代表大会第四次和第五次会议上两次指出，要保持合理的社会融资规模。这一总量指标全面反映了金融对实体经济的资金支持以及经济与金融之间的关系，其统计口径既包括传统银行体系的间接融资，还包括资本市场上的直接融资（如债券和股票）。具体来说，社会融资规模 = 人民币各项贷款 + 外币各项贷款 + 委托贷款 + 信托贷款 + 未贴现银行承兑汇票 + 企业债券 + 非金融企业股票 + 保险公司赔偿 + 保险公司投资性房地产 + 其他。近年来，社会融资总量保持快速扩张，而同期 M2 增速目标却呈现下降趋势。数据显示，2002 年，本外币贷款在社会融资总量中占比高达95.5%，商业银行贷款几乎垄断了全部社会融资需求，商业银行是货币信用创造的绝对主体。而2012年，该比例已降至57.9%。表外融资在社会融资总量中的占比由2006 年的11.7%，提高到2012 年的23%。[①] 这表明我国传统的以间接融资为主的融资体系出现了显著变化。

社会融资总量与货币供给量之间的关系为：第一，社会融资总量从金融机构资产方视角进行统计，而货币供给量从负债方视角进行统计；第二，社会融资总量的涵盖范围更广，其统计范围是整个金融体系，而货币供给量仅统计存款性金融机构；第三，社会融资总量是货币供应量指标的有益补充。钟俊（2011）认为，根据融资来源和渠道不同，社会融资总量可分为两部分：一是实体经济通过金融体系获得的资金，即所谓的“正规融资”；二是实体经济内部相互之间的融资，即“民间融资”。由于影子银行体系游离于常规监管以外，故受到数据可得性的影响，银信合作、民间信贷和私人股权基金等影子银行规模并未纳入社会融资总量的统计范围，监测数据有待进一步完备。周丽萍（2011）指出，未进入现有统计体系的影子银行体系的货币供给量，必然使货币供给总量的统计失灵。而且，社会融资总量自2011 年第1 季度开始公布季度数据和年度数据。自2012 年1月开始，中国人民银行公布社会融资规模的月数据。由于数据量太小，不适合进行实证检验。

20 世纪50 年代以后，西方国家出现了不同于传统货币供给分析的“新观点”（the new view）。如1959 年英国的《拉德克利夫报告》就提出

① 孟阳，影子银行与货币政策的关联影响，《债券》，2013（4）。

了“整体流动性”的概念，认为决定货币供给的不仅是商业银行，而是包含商业银行和非银行金融机构在内的整个金融系统；对经济真正有影响的是包含传统意义上的货币供给在内的整个社会的流动性。再如，Gurley and Shaw（1960）将金融中介分为货币系统与非货币系统的中介机构两类，它们都能根据持有的某类资产（如初级证券）创造出成倍的特定金融债权和非货币间接证券，这增加了整个社会的可贷资金供应，即增加了广义的社会流动性。就我国而言，中国人民银行正在研究将货币供应量统计口径扩大至M3、M4。其中，M3反映存款性公司（如其他金融性公司存款、委托存款、银行理财资金、外汇存款和地方财政存款）向实体经济提供的流动性；M4衡量全部金融机构向实体经济提供的流动性。这表明我国重新界定流动性的目的是将广义流动性作为货币政策调控的着眼点。这不仅有利于提高货币政策调控的有效性，也顺应了当前社会融资渠道多元化的大背景。

实际上，广义流动性涵盖了各种信用形式的社会信用总量。影子银行创造的信用工具和金融资产具有很强的市场流动性，其作为货币的替代工具已经导致整个社会信用和可贷资金供给的大规模扩张，自然属于广义流动性的范畴。因此，我国货币市场广义流动性测度应该将影子银行的信用创造纳入其中，作为实际货币总量的合理衡量指标。与发达国家影子银行体系的证券化运行模式不同，目前我国的影子银行尚未进入资产证券化领域，在业务上仍以民间的直接融资为主。从货币供求的角度来看，信贷属于货币需求方面，而货币供应量属于货币供给方面。在商业银行的资产负债表中，它们分别以资产方的贷款和负债方的货币这两种统计形式出现，对于影子银行体系也是如此。实际上，货币需求和货币供给总是处于不断调整变化的过程中，且从长期来看，两者的变化趋势相一致。鉴于我国影子银行体系的产品特征及数据可得性，本书借鉴Andrew Sheng（2011）对M5的界定，将广义流动性定义为受到中央银行监管的广义货币供给量M2和游离于常规监管之外由影子银行的信用创造产生的未观测信贷规模之和。我国广义流动性规模如图3－6所示。

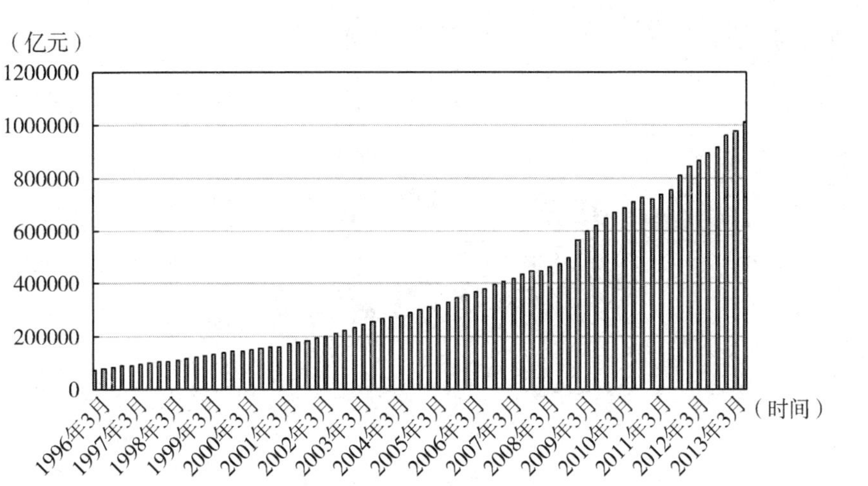

图 3－6　1996 年第 1 季度～2013 年第 3 季度我国广义流动性规模

第4章

我国利率市场化改革进程及均衡利率测度

4.1

我国利率市场化改革的必要性

利率管制是我国计划经济体制的产物，在我国经济转轨的特定时期发挥过重要作用，但在经济活动复杂性不断提高、金融体制改革逐步深入以及我国加入 WTO 的背景下，其局限性和弊端也逐渐显现，因此，推进我国利率市场化改革具有很强的迫切性和必要性。

4.1.1 利率市场化是提高资金配置效率、优化资源配置的前提条件

资金是生产的重要因素之一，而利率作为资金的价格，是金融与实体经济之间的纽带与桥梁，高度浓缩并反映了金融资源配置的所有信息。利率管制无法体现资金的稀缺性和风险性，使得资金分配具有计划性和条块分割性，无法满足资金需求的多样化需求。只有当影响利率变动的各种因素均由市场决定时，即存在一个能够利用相关信息准确、完整、如实地反映资金供求状况的利率体系，才能够实现金融资源的有效配置，这正是利率市场化的根本意义。利率市场化提高了资金需求的利率弹性，使得利率

在金融资源配置中充分发挥反映资金市场供求的信号作用以及价格杠杆的调节作用，促使资金在不同区域、不同产权、不同产业中真正按照收益和风险进行合理分配，金融资源的配置方式由原来的无效率状态跃升为高效率均衡。金融资源的有效配置和资金的高效率使用进一步实现了对实物资源的合理配置，使得产品结构、产业结构和消费结构趋于合理化。

4.1.2 利率市场化是培育完善金融市场的客观要求

利率市场化后利率水平的多变性和不确定性增加，金融机构面对不断变化的利率和激烈的市场竞争将不断进行金融创新，涌现大量的新型金融工具，在规避利率风险的同时获得竞争优势并实现利润最大化。而金融市场主体也将根据利率变动不断调整自身金融资产的结构以实现收益最大化。这都将活跃金融市场、扩大交易规模、提高金融效率。而且，利率市场化还能有效抑制“金融灰市”，促进金融市场的健康发展。这是因为，在我国正规金融机构和非正规金融机构并存的“二元性”特征下，前者出于安全性和盈利性的权衡，在管制利率下往往将规模大但效率低的经济部门作为服务对象，而具有活力的中小型经济部门却被拒之门外，致使它们转向后者满足融资需求。利率市场化赋予正规金融机构在利率定价方面更大的自由度和灵活性，可根据市场资金供求状况和风险权衡自主确定贷款利率的档次、水平和种类，增强了它们对中小型经济部门融资的动力，从而抑制灰色金融活动，提高金融市场的容量和素质。最后，利率市场化将促进我国货币市场与资本市场的协调发展。目前，我国尚未建立全国统一的金融市场，货币市场和资本市场之间存在分割和脱节，而利率市场化为连接两个市场搭建了桥梁，建立了货币市场短期利率和资本市场长期利率之间的传导机制和联动机制，使得两者相互影响、相互制约。

4.1.3 利率市场化是深化经济体制改革的题中之意

利率体制与经济体制密切相关，可以说，有什么样的经济体制，就决定了什么样的利率体制。在计划经济体制下，社会资源由国家严格按照计划指标统一分配，利率水平被认为压低，无从发挥其作为资金价格的调节作用。自1979年我国进行经济体制改革以来，高度集中的计划经济体制逐渐退出历史舞台，国民经济中市场经济成分所占比重不断增加，在商品市场上已基本实现了市场化。在市场经济体制下，社会资源的价格由市场供求状况决定。能够传递关键性经济信息的市场价格，具备了衡量资源稀缺程度的作用，并通过自我约束和自我激励提高资源配置效率。市场经济体制改革不仅包括在商品市场上的结构调整和产业升级，更是金融深化的过程，而利率市场化是金融深化的必经阶段。在我国市场经济体制改革逐步深入的大背景下，如果利率仍由政府实施严格管制，利率的供求决定、自主定价和间接调控等市场化核心问题未被触及，那么就意味着商品和资金不同的价格形成机制使得价格信号无法协调一致，这必然影响经济主体的投融资决策和资源的合理配置。因此，这种资金价格的僵化和抑制必然成为社会主义市场经济体制进一步深化改革的羁绊。

4.1.4 利率市场化是转变我国经济增长方式的重要手段

从投入产出关系来看，我国经济增长方式一直以数量扩张型为主，技术进步和规模经济等因素的推动力相对较小。这种资金运用的低效率是由僵化的管制利率以及非市场化的资金分配造成的，特别是在经济过热时期，投资需求旺盛与物价居高不下并存，而利率被强制性地压低至均衡水平之下，管制利率的上升幅度远远小于通货膨胀的上升幅度导致实际利率过低甚至为负，投资成本的降低刺激了一些并不满足市场条件的低效率投资项目纷纷上马，在扩大投资规模的同时降低了整体投资效益。因此，随着经济的不断发展和经济结构的变化，我国转变经济增长方式势在必行，逐步将数量扩张性转变为以产业升级和技术进步为核心的效率型经济增长模式。这就要求政府的宏观经济政策和企业的微观经济行为符合结构均衡原则和效率原则，而利率管制恰恰与之相悖，因此经济增长方式转变的前提条件之一是利率市场化改革。

4.1.5　利率市场化是我国加入 WTO 之后的宏观要求

1. 利率管制不符合 WTO 的国民待遇和透明度原则。

国民待遇是指对国内外金融服务者给予同样的政策和要求，以保证各国的产品和服务在同等条件下竞争。目前我国的管制利率主要针对内资金融机构的本币业务，而对于外资金融机构而言，我国政府和央行并不具备直接管理其利率和内部经营的产权基础，致使外资金融机构所使用的政策与内资金融机构不同，这显然违背了国民待遇原则。透明度原则是指政策制定是预先的、公开的和普遍适用的。管制利率难以做到对所有金融机构的公开和透明，此时市场力量便通过一些非正式的金融活动表现出来。因此，利率市场化改革是我国加入 WTO 以后继续深化改革的必然要求。

2. 利率管制削弱了内资金融机构的竞争力。

我国加入 WTO 五年之后，内外资金融机构的业务将完全相同，进入我国金融市场的外资金融机构在数量、业务范围和业务规模上都将进一步扩大，内外资金融机构之间的竞争日益激烈。内资金融机构在利率管制的情况下，业务创新空间小，产品和服务单一、落后，必将导致客户流失、业务萎缩，甚至增加了引发流动性危机的可能性，因此推进利率市场化改革是内资金融机构谋求生存和发展的必要条件。

3. 我国加入 WTO 之后人民币自由兑换也要求利率形成机制的市场化。

我国加入 WTO 以后，将进一步扩大对全球市场的占有额，必然伴随着人民币的可自由兑换。如果人民币自由兑换与管制利率并存，无法建立汇率—利率传导中的自动反应机制，那么势必引起汇率的大幅波动，资本流动和进出口贸易都将不稳定。

4.2 我国利率市场化改革进程回顾

我国利率市场化改革是在借鉴世界各国先进经验的基础上，按照党中央、国务院的统一部署稳步推进的。其总体思路是先货币市场和债券市场利率市场化，后存贷款利率市场化，其中存、贷款利率市场化是实现我国利率改革目标的关键，存、贷款利率市场化的思路是“先外币、后本币；先贷款、后存款；先长期、大额，后短期、小额”。具体而言，我国利率市场化改革主要经历了以下三个阶段。

4.2.1 第一阶段（1993～1997年）：金融机构之间的利率市场化

1993年，党的十四届三中全会《关于建立社会主义市场经济体制若干问题的决定》提出了利率市场化改革的基本设想，并在党的十四大报告《关于金融体制改革的决定》中提出，我国利率改革的长远目标是：建立以市场资金供求为基础，以中央银行基准利率为调控核心，由市场资金供求决定各种利率水平的市场利率体系。但我国利率市场化的实质性改革始于1996年。1996年，全国金融工作会议明确指出：要按照利率市场化要求逐步改革利率管理体制，这是我国第一次在国家正式文件中提出“利率市场化”的概念。从此，我国的利率市场化改革步入实质性发展的阶段。十六届三中全会再次明确提出：稳步推进利率市场化，建立健全由市场供求决定的利率形成机制，中央银行运用货币政策工具引导市场利率。总的来看，我国利率市场化改革采取了循序渐进的路径方式。

首先，放开银行间同业拆借市场利率。1996年6月，在建立全国统一同业拆借市场的基础上，中国人民银行发布《关于取消同业拆借利率上限管理的通知》，逐步取消对同业拆借利率的上限限制。全国银行间同业拆借市场联网运行，银行间同业拆借市场利率由拆借双方根据市场资金供求自主确定。全国统一的银行间同业拆借利率的形成拉开了我国利率市场化改革的序幕，为此后的利率市场化改革奠定了基础。

其次，放开国债市场利率。1996年，财政部通过证券交易所市场平台实现了国债的市场化发行，采取了利率招标、收益率招标、划款期招标等多种方式，并根据市场供求状况和发行数量，采取了单一价格招标或多种价格招标。这是我国债券发行利率市场化的开端，为以后的债券利率市场化改革积累了经验。

最后，放开银行间债券回购利率和现券交易利率。1997年6月，中国人民银行下发《关于银行间债券回购业务有关问题的通知》，规定各商业银行可用其持有的国债、中央银行融资券和政策性金融债在银行间进行回购和买卖，价格由交易双方协商确定，并集中由中央国债登记结算公司托管。银行间债券市场的成立增强了市场的价格发现能力，为中央银行开展以债券买卖为主的公开市场业务，以及商业银行利用证券资产灵活调剂资金头寸，减少金融风险创造了有利条件。此后，鉴于银行间同业拆借拆借利率、债券回购利率和现券交易利率已实现市场化，政策性银行金融债券市场化发行的条件已经成熟。1998年9月，国家开发银行首次通过中国人民银行债券发行系统以公开招标方式发行了金融债券，随后中国进出口银行也以市场化方式发行了金融债券。1999年10月，财政部首次在银行间债券市场实现以利率招标的方式发行国债，从而实现了银行间市场利率、国债和政策性金融债发行利率的市场化。

此外，在此阶段我国利率体系和利率结构得以进一步理顺。如1993年取消了8年期定期储蓄存款；1996年5月取消华侨人民币储蓄存款利率种类，执行相应期限档次的人民币储蓄存款利率；1995年取消了对13个行业基本建设贷款的差别利率，执行同档次的正常贷款利率；1996年7月将技术改造贷款和基本建设贷款利率合并为固定资产贷款利率，执行统一的期限档次；自1997年10月起，贷款利率不再划分流动资金贷款和固定资产贷款，统一执行期限利率档次，并缩小各利率期限档次的利差。

4.2.2 第二阶段（1998～2004年）：贷款利率管下限，存款利率管上限

1. 人民币贷款利率市场化迈出重要步伐。

1998年，中央银行将金融机构对小企业的贷款利率浮动幅度由10%扩大到20%。1999年4月1日，中国人民银行颁布《人民币利率管理规定》，

首次从法律角度明确规定金融机构拥有一定的利率制定权。自 1999 年 4 月 1 日起，贷款利率浮动幅度扩大，县以下金融机构发放贷款的利率最高可上浮 30%。同年 9 月，商业银行对中小企业的贷款利率最高上浮幅度扩大为 30%，对大型企业的贷款利率最高上浮幅度仍为 10%，贷款利率下浮幅度为 10%。

2003 年，党的十六届三中全会《关于完善社会主义市场经济体制若干问题的决定》对利率市场化改革进行了纲领性论述，“稳步推进利率市场化，建立健全由市场供求决定的利率形成机制，中央银行通过运用货币政策工具引导市场利率”。至此，利率市场化的改革目标得以确立。2003 年 2 月 20 日，中国人民银行在《2002 年中国货币政策执行报告》中公布了中国利率市场化改革的总体思路：先外币、后本币；先贷款、后存款；先长期、大额，后短期、小额。并把中国利率市场化改革的目标确定为逐步建立由市场供求决定金融机构存、贷款利率水平的利率形成机制，中央银行通过运用货币政策工具调控和引导市场利率，使市场机制在金融资源配置中发挥主导作用。同年，金融机构对所有企业的贷款利率浮动幅度扩大到 50%。2003 年 8 月，人民银行在推进农村信用社改革试点时，允许试点地区农村信用社的贷款利率上浮不超过贷款基准利率的 2 倍。2004 年 1 月 1 日，商业银行、城市信用社的贷款利率浮动区间上限扩大到贷款基准利率的 1.7 倍，农村信用社贷款利率的浮动区间上限扩大到贷款基准利率的 2 倍，金融机构贷款利率的浮动区间下限保持为贷款基准利率的 0.9 倍不变，同时明确了贷款利率浮动区间不再根据企业所有制性质、规模大小分别制定。2004 年 10 月，中国人民银行全面取消商业银行贷款利率上浮的限制，不再设定金融机构人民币贷款利率上限，但考虑到城乡信用社竞争机制尚不完善，经营管理能力有待提高，容易出现贷款利率“一浮到顶”的情况，对城乡信用社贷款利率实行基准利率 2.3 倍的上限管理。至此，人民币贷款利率已经基本过渡到“上限放开、实行下限”管理的阶段。

2. 人民币存款利率市场化取得重要进展。

1999 年 10 月，中资商业银行法人对中资保险公司法人试办 5 年期以上（不含 5 年期）、3000 万元以上的长期大额协议存款业务，利率水平由双方协商确定。2002年2月和12月，协议存款试点的存款人范围扩大，包括全国社会保障基金理事会和已完成养老保险个人账户基金改革试点的省级社会保险经办机构。2002年初，中国人民银行在8家农村信用社尝试浮动利率，允许存款利率的最大浮动范围为30%，贷款利率的最大浮动幅度为100%。2004年1月，进一步扩大人民币贷款利率的浮动区间（下浮10%～70%），放开计结息规则、贷款利率确定方式和5年以上贷款利率的上限，完善了加罚息制度。2004年10月28日，中国人民银行对利率进行调整，上调金融机构存贷款基准利率并放宽人民币贷款利率浮动区间和允许人民币存款利率下浮。金融机构1年期存款基准利率上调0.27个百分点，由现行的1.98%提高到2.25%，1年期贷款基准利率上调0.27个百分点，由现行的5.31%提高到5.58%。其他各档次存、贷款利率也相应调整，中长期上调幅度大于短期。由此可见，此次利率调整有三个重要特点：一是扩大利率浮动幅度；二是加大长期贷款利率成本；三是存款利率还可以往下调。本次利率调整基本放开了商业银行的贷款利率管理权，并在控制存款利率上限的同时放开存款的下调幅度。至此，人民币存款利率实行下浮制度，实现了“放开下限，管住上限”的既定目标。

3. 外币存贷款利率的市场化程度不断加强。

2000年9月21日，经国务院批准，人民银行组织实施了境内外币利率管理体制的改革：一是放开外币贷款利率，各项外币贷款利率及计结息方式由金融机构根据国际市场的利率变动情况以及资金成本、风险差异等因素自行确定；二是放开大额外币存款利率，300万（含300万）以上美元或等额其他外币的大额外币存款利率由金融机构与客户协商确定。2002年3月，中国人民银行将境内外资金融机构对境内中国居民的小额外币存款统一纳入境内小额外币存款的利率管理范围，并在统一境内中、外资金融机构外币存、贷款利率管理政策的基础上，进一步下放了非中国居民的小额外币存款利率的自主决定权。2003年7月，境内英镑、瑞士法郎、加拿大元的小额存款利率放开，由各商业银行自行确定并公布。2003年11月，中国人民银行规定商业银行、农村信用社可以开办邮政储蓄协议存款，并赋予金融机构外币小额存款利率下浮权。商业银行可根据国际金融市场利率变化，在不超过人民银行公布的利率上限的前提下，自主确定小额外币存款利率。赋予商业银行小额外币存款利率的下浮权，是推进存款利率市场化改革的有益探索。2004年11月，中国人民银行在调整境内小额外币存款利率的同时，决定放开1年期以上小额外币存款利率。至此，完全放开了所有的小额外币存款利率的下限，商业银行拥有了更大的外币利率决定权。随着境内外币存、贷款利率逐步放开，中资商业银行均制定了外币存贷款利率管理办法，建立了外币利率定价机制。各行还根据自身的情况，完善了外币贷款利率的分级授权管理制度。商业银行的利率风险意识和利率风险管理能力得到不断加强。

此外，在此时期中国人民银行加强了货币政策工具的建设。1998年3月21日，中国人民银行改革再贴现利率和贴现利率的生成机制，规定再贴现利率作为独立的利率档次由中央银行确定，贴现利率在再贴现利率基础上加0.9个百分点。2003年4月以来，人民银行选择发行中央银行票据作为中央银行调控基础货币的新形式，在公开市场上连续滚动发行3个月、6个月及1年期央行票据。至2003年底，共发行63期央行票据。这些尝试为基准利率的形成、建立中央银行间接调控机制、深化利率市场化改革创造了条件。2004年3月25日，经国务院批准，中国人民银行实行再贷款浮息制度，决定用于金融机构头寸调节和短期流动性支持的再贷款利率统一加0.63个百分点，再贴现利率加0.27个百分点。这有利于完善中央银行利率形成机制，逐步提高中央银行引导市场利率的能力，且有利于理顺中央银行和借款人之间的资金利率关系，提高再贷款管理的科学性、有效性和透明度，是稳步推进利率市场化的重要步骤。

综上所述，在此时期我国利率市场化改革顺利实现了“贷款利率管下限、存款利率管上限”的阶段性目标。其主要目的是限制商业银行恶性价格竞争，合理保护银行业的利润水平，弥补长期低贷存利差对银行资本和自身发展能力的透支，为商业银行改革赢得时间。在以资本充足率为核心的风险管理框架下，这一政策还赋予银行运用利率杠杆主动调整资产负债规模和结构的空间。

4.2.3　第三阶段（2005年至今）：逐步尝试贷款利率下限浮动和存款利率市场化

2005年，人行调整房贷利率，并允许其在基准利率的基础上下浮10%，彻底改变了我国长期以来贷款利率不能下浮的历史。同年3月16日，人民银行大幅降低超额准备金率，并完全放开金融机构同业存款利率。另外，从2005年9月21日开始，各家商业银行可以自主决定存款的计息方式，这为存款利率市场化迈出了历史性的一步。

2007年1月4日，上海银行间同业拆借利率（SHIBOR）正式上线运行，这是我国利率市场化进程中的又一里程碑。其报价银行团由16家商业银行组成，报价银行是公开市场一级交易商或外汇市场做市商，是在中国货币市场上人民币交易相对活跃、信息披露比较充分的银行。这一利率也是由信用评级较高的银行自主报出的人民币同业拆出利率计算确定的算术平均利率，是单利、无担保、批发性利率，产品种类包括了隔夜、1周、2周、1个月、3个月、6个月、9个月和1年。它扩大了基准利率的市场范围，连接了体制内和体制外的资金融通过程，给予了商业银行自主定价的权限，扩大了中央银行利用公开市场业务和再贴现手段实施宏观经济调控的能力。同时也为银行股份制改造、内部治理结构改革奠定了基础。

至此，我国利率形成机制已经具有了一定弹性，利率市场化格局已经基本形成。即中央银行实现了贷款利率“上限放开，实行下限管理”、存款利率“下限放开，实行上限管理”、货币市场与债券市场利率充分的市场化，中央银行基准利率体系及公开市场操作等货币政策工具基本完备的格局，而中央银行利用货币政策工具引导调控商业银行的机制也已得到基本理顺。但利率市场化最为关键的一步，即完全放开金融机构的存款利率和贷款利率，把货币资金的定价权交给市场主体尚未完成，这也是当前我国利率市场化改革的关键任务。在这一攻坚阶段，我们更应清醒地剖析阻碍利率市场化改革的主要因素或缺少的条件，并有针对性地加以完善。这些障碍主要包括：各金融市场相互分割，关联度不高，资金供求不能通过利率变化进行有效调节；商业银行和企业等利率运作主体行为不规范，如很多国有企业尚未建立现代企业制度，普遍缺乏预算硬约束；金融监管立法不到位，且监管技术手段落后、监管能力不足等。

4.3 我国均衡利率测度

4.3.1 模型设定

凯恩斯于1936年提出利率流动性偏好理论，认为利率是为使货币持有者放弃具有完全流动性的资产，而持有具有较大风险的其他资产所必须支付的价格。根据这一理论，在短期内均衡利率由货币需求与货币供给的相互作用而决定。如图4－1所示，货币需求等于货币供给的均衡点E所对应的利率水平 r^* 即为均衡利率。如果市场利率高于均衡利率，表明货币需求小于货币供给，假定经济主体只有现金和债券这两种持有财富的形式，那么，它们将通过购买债券减少货币持有额，致使债券价格上涨，市场利率向均衡利率水平移动。

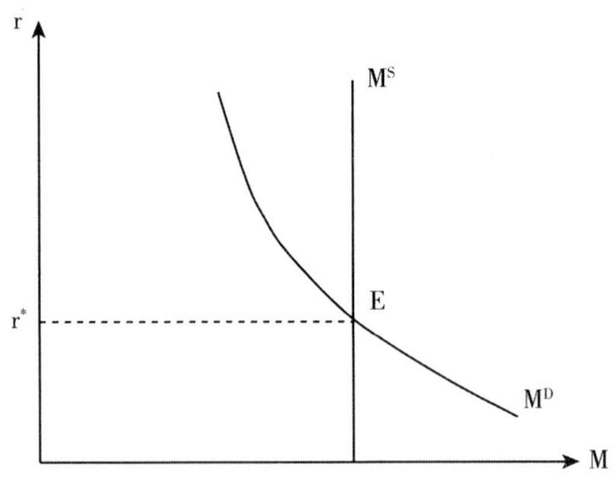

图4－1 货币市场均衡利率决定

均衡利率是由货币供给和货币需求共同决定，是一个不可观测的变量。而在计量经济学文献中，状态空间模型（state space model）被用于估计不可观测的经济变量。利用动态空间模型表示动态系统主要有两个优点：一是状态空间模型将不可观测的变量（状态变量）并入可观测模型并与其一起得到估计结果；二是状态空间模型利用卡尔曼滤波（Kalman Filter）进行估计，该方法可用于估计单变量和多变量的多种模型。①

本书借鉴王婉芬和李宝庆（2013）的研究模型，但与之不同的是，王婉芬和李宝庆（2013）将货币需求的影响因素设定为收入水平、均衡利率与名义利率之间的缺口、通货膨胀和随机因素，而笔者认为除收入水平、利率缺口这些客观因素外，货币需求在相当程度上受到人们主观意志和心理活动的影响，特别是人们对未来经济形势的预期。当利率上升幅度较大时，人们往往预期利率将下降，而有价证券价格将上升，于是人们减少手持现金，增加有价证券的持有量，以期日后取得资本溢价收益；当利率下降幅度较大时，人们预期利率将上升，有价证券价格会下跌，为避免资本损失，人们将减少有价证券的持有量而增加现金持有，准备在有价证券价格下跌后再买进以获利。因此，货币需求主要由收入水平、均衡利率与名义利率之间的缺口、预期通货膨胀率等经济变量决定，货币需求方程表示为：

$$M_t^D = C(1) + C(2)(r_t^* - r_t) + C(3)Y_t + C(4)\pi_t^e + \varepsilon_{1t} \tag{4.1}$$

其中，M_t^D 表示 t 时刻的货币需求，r_t 表示在 t 时刻的名义利率，r_t^* 表示 t 时刻的均衡利率，Y_t 表示 t 时刻的收入水平，π_t^e 表示 t 时刻的预期通货膨胀率，ε_{1t}为随机扰动项。

根据定义，均衡利率为货币需求等于货币供给时的利率，因此，需要引入货币市场均衡条件，可用公式表示为：

$$M_t^D = M_t^S \tag{4.2}$$

其中，M_t^S 表示 t 时刻的货币供给。

假设均衡利率这一不可观测变量服从如下自回归过程：

① 参见高铁梅，《计量经济分析方法与建模》，清华大学出版社，2009 年版。

$$r_t^* = C(5) r_{t-1}^* + \varepsilon_{2t} \quad (4.3)$$

其中，ε_{2t}表示 t 时刻的随机扰动项。式（4.1）、（4.2）、（4.3）共同构成了均衡利率测度的状态空间模型。其中，式（4.1）、（4.2）为量测方程（或信号方程），式（4.3）为不可观测变量均衡利率的状态转移方程。

4.3.2 数据处理

与影子银行规模测度的样本区间相一致，本书将均衡利率测度的样本区间选定 1996 年第一季度至 2013 年第三季度。变量选择与数据处理过程如下：

（1）收入水平（Y_t）选取国内生产总值（GDP）的季度数据。由于该数据可能存在季节因素，本书先对其进行价格调整，再利用 Census X－12 季节调整方法对其进行季节调整。最后为了与名义利率等相对量纲变量相一致，对经价格调整和季节调整后的 GDP 数据进行对数化处理，用 LNGDP 表示。

（2）预期通货膨胀率（π_t^e），先以消费价格指数（CPI）上年同季价格为基期的指数减去 100 得到当期通货膨胀率，再利用静态预期，将预期通货膨胀率以滞后一期的通货膨胀率表示。该数据不存在季节因素，无须进行季节调整，用 LNCPRE 表示。

（3）名义利率（r_t），我国现行利率体系既包括像存贷款利率这样的管制利率，也包括像银行间同业拆借利率和回购利率这样的市场化利率。很多学者将 2007 年 1 月推出的上海银行间同业拆放利率（shanghai interbank offered rate，shibor）作为我国的“基准利率”。但本书认为 Shibor 并不是中央银行货币政策调控工具，而一年期存款利率是中央银行利率调整的基础和利率体系的核心，因此，本书中的名义利率选取一年期存款利率。由于中国人民银行调整一年期存款利率的时间并不固定，故本书对该数据进行以下处理，即在季度内涉及利率调整的，以每档利率的持续时间为权重，折算出该季度一年期存款利率的加权平均值。该数据不存在季节因素，无须进行季节调整，用 R 表示。

（4）货币供给量（M_t^S），如前文所述，我国现行货币供应量主要划分为 M0、M1 和 M2 等三个层次。但是，为了与第 6 章中关于我国货币政策调控工具的 DSGE 模型分析相对应，此处我们选取第 3 章中的广义流动性，该数据在测算时已经进行了价格调整和季节调整，故只需取对数消除绝对量纲即可，用 LNMG 表示。国内生产总值（GDP）和消费价格指数（CPI）数据源自中经网，名义利率数据来自中国人民银行官方网站。

4.3.3　实证结果

1. 单位根检验（ADF 检验）。

为避免变量非平稳所造成的伪回归，状态空间模型要求相关变量或者平稳，或者它们之间存在稳定均衡的关系。因此，首先要检验上述时间序列是否存在单位根。本书采用 ADF 检验法对时间序列 LNGDP、LNMG、CPRE 和 R 的水平值和一阶差分进行单位根检验，检验结果如表 4－1 所示。

表 4－1　　单位根检验结果

变量	ADF 检验值	临界值（1%，5%，10%）	DW 值	检验形式	结论
LNGDP	1.381296	（－3.6793，－2.9678，－2.6230）	2.083465	（C，0，1）	不平稳
LNMG	－2.126070	（－4.3098，－3.5742，－3.2217）	1.908339	（C，T，0）	不平稳
CPRE	－2.601755	（－3.6793，－2.9678，－2.6230）	2.004268	（C，0，1）	不平稳
R	－2.936174	（－3.6793，－2.9678，－2.6230）	1.979088	（C，0，1）	不平稳
DLNGDP	－5.793736	（－4.3098，－3.5742，－3.2217）	2.034985	（C，T，0）	平稳
DLNMG	－5.856520	（－3.6892，－2.9719，－2.6251）	1.863423	（C，0，0）	平稳
DCPRE	－4.093139	（－4.3098，－3.5742，－3.2217）	1.936548	（C，T，0）	平稳
DR	－4.509534	（－4.3098，－3.5742，－3.2217）	2.043356	（C，T，0）	平稳

注：（C，T，0）分别表示单位根检验中的截距项、时间趋势项和滞后阶数。D 表示一阶差分。

由表4－1可以看出，在5%的显著性水平下，LNGDP、LNMG、CPRE和R的水平值序列都是非平稳的。而在1%的显著性水平下，它们的一阶差分序列DLNGDP、DLNMG、DCPRE和DR都是平稳的。这表明，时间序列LNGDP、LNMG、CPRE和R均为一阶单整的I（1）过程。

2. 协整检验。

对于上述同阶单整的时间序列LNGDP、LNMG、CPRE和R，下一步需要检验它们之间是否具有平稳或平衡的关系，即协整关系。因为只有存在协整关系，使用这些时间序列建立的状态空间模型才有意义。本书采用Johansen协整检验方法，检验结果如表4－2所示。

表4－2　　协整检验结果

特征根迹检验（Trace检验）				
Hypothesized No. of CE（s）	Eigenvalue	Trace Statistic	0.05 Critical Value	Prob.**
None*	0.491627	91.26200	40.17493	0
At most 1*	0.382187	45.25726	24.27596	0
At most 2*	0.158912	12.51058	12.32090	0.0465
At most 3	0.010861	0.742560	4.129906	0.4468
最大特征值检验				
Hypothesized No. of CE（s）	Eigenvalue	Max－Eigen Statistic	0.05 Critical Value	Prob.**
None*	0.491627	46.00474	24.15921	0
At most 1*	0.382187	32.74668	17.79730	0
At most 2*	0.158912	11.76802	11.22480	0.0401
At most 3	0.010861	0.742560	4.129906	0.4468

注：**、*分别表示在5%、10%置信水平上显著。

由表4－2可知，无论是特征根迹检验还是最大特征值检验，在5%的显著性水平下，时间序列LNGDP、LNMG、CPRE和R之间不存在协整向量、至多存在一个协整向量以及至多存在两个协整向量的原假设均被拒绝，而 LNGDP、LNMG、CPRE 和 R 之间至多存在三个协整向量的原假设被接受。这表明时间序列 LNGDP、LNMG、CPRE 和 R 之间存在协整关系。

3. 均衡利率测算。

我们利用 Eviews6.0 中的卡尔曼滤波（kalman filter）方法，对本书 4.3.1 中建立的状态空间模型进行估计，估计结果参见表 4－3。

表 4－3　　模型部分参数的估计结果

	系数	标准差	Z 统计量	P 值
C（1）	1.7982	0.0227	14.8190	0.0898
C（2）	－0.3345	0.1931	－2.4162	0.0000
C（3）	1.1070	0.0405	9.3465	0.0000
C（4）	－0.1761	1.0137	－3.1737	0.0066

由表 4－3 可知，模型中所有参数的估计结果均显著不等于零。从经济意义来看，系数 C（2）表示均衡利率和名义利率之间的缺口与货币需求之间的弹性系数，估计结果为－0.3345。这表明均衡利率和名义利率之间的缺口与货币需求负相关，且该利率缺口每提高 1 个百分点，将使得货币需求下降 0.3345 个百分点。系数 C（3）表示国内生产总值（GDP）与货币需求之间的弹性系数，估计结果为 1.1070。这表明国内生产总值与货币需求正相关，且国内生产总值每增加 1 个百分点，将使得货币需求相应增加 1.1070 个百分点。系数 C（4）表示预期通货膨胀率与货币需求之间的弹性系数，估计结果为－0.1761。这表明预期通货膨胀率与货币需求之间负相关，且预期通货膨胀率每提高 1 个百分点，将使得货币需求相应下将 0.1761 个百分点。上述估计结果与货币需求理论模型设定相一致，且根据这些估计结果，我们可以得到 1996 年第 1 季度至 2013 年第 3 季度我国的均衡利率水平（见图 4－2）。由图 4－2 可知，在 1996 年第 1 季度至 2013 年第 3 季度期间，我国均衡利率均高于基准名义利率，变动幅度在 5%～13%之间，且与基准名义利率相比，均衡利率波动更为频繁。

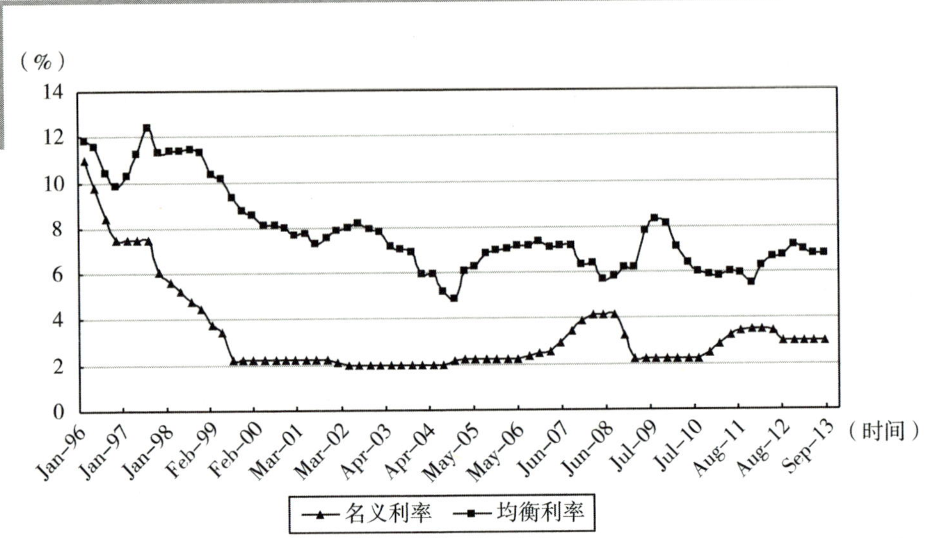

图4-2 1996年第1季度~2013年第3季度我国的名义利率与均衡利率

第5章

新凯恩斯货币政策 DSGE 模型框架

5.1 DSGE 模型的产生与发展

动态随机一般均衡（dynamic stochastic general equilibrium）模型是近年来宏观经济学发展的标志性成果。作为主流宏观数量分析工具，DSGE 模型为研究经济增长和经济波动提供了统一的分析框架，其产生和发展大致经历了真实经济周期（real business cycle，RBC）模型和新凯恩斯主义 DSGE 模型两个阶段。DSGE 模型是一种考虑到随机冲击的动态模型，具有将宏微观经济基础有机结合并兼顾长短期分析的显性建模构架，且所需数据信息较少，被越来越多的中央银行用于货币政策效果分析，因而受到政策制定者和经济学家们的广泛关注。

5.1.1 DSGE 模型的理论基础

DSGE 模型主要经历了两个发展阶段，即真实经济周期理论下的 DSGE 模型与新凯恩斯 DSGE 模型。

1. 真实经济周期理论。

20 世纪 50 ~ 60 年代，凯恩斯主义宏观经济学缺少微观基础几乎成为主流经济学的共识，反凯恩斯主义的各学派将其作为攻击凯恩斯主义的靶子。20世纪70年代，理性预期学派也对凯恩斯主义宏观经济学提出批评，认为凯恩斯主义宏观经济学忽略了“理性预期”，而经济主体的预期理性与否决定着菲利普斯曲线和货币政策是否失效，因而理性预期在宏观经济模型的主要结构性关系中至关重要。而且，他们还对凯恩斯主义用于政策评估和经济预测的传统计量经济学模型的实证基础提出了质疑，即著名的“卢卡斯批判”（lucas critique）。卢卡斯认为，以凯恩斯主义宏观经济学为基础建立的计量经济学模型是以过去观测到的宏观经济变量之间的统计关系为基础，这些统计关系已经成为公共知识，理性预期将使它们不再成立，因此利用这些模型评价当前经济政策、预测未来经济走势是失效的。实际上，“卢卡斯批判”呼吁真正意义上的“结构性”模型的诞生，所谓参数的“结构性”是指模型参数本身不是经济政策的函数，不能随着经济政策的变动而变动。

Kydland 和 Prescott（1982）受到为宏观经济学寻找微观基础以及“卢卡斯批判”的启发，在实际经济周期（RBC）理论的研究中，开创性地提出了DSGE模型的最早雏形，标志着DSGE模型作为宏观经济主流分析工具时代的开始。该模型假定完全竞争市场、价格和工资具有完全弹性、信息完全且经济主体具有理性预期，并以理性人最优化行为为基础，利用动态优化方法，得到了不确定环境下经济主体的最优行为方程，具备“技术—偏好—信息”的结构。典型地，家庭根据自身的偏好和预算约束选择消费和劳动供给以实现跨期最优化；厂商根据自身的生产技术选择最优的投资和劳动需求从而实现利润最大化；在市场出清情况下，家庭和厂商的行为共同决定“一般均衡”时的产量和价格。至于模型中的外生随机部分，他们认为那是由真实冲击（如技术创新、天气变化、进口油价变动或政府颁布新的管制条令等）引起的，即假定真实冲击是经济波动的根源。由RBC模型的假定可知，该模型具有十足的“古典性格”，且主要参数均来自于经济主体的偏好和经济的技术特征，因此符合卢卡斯对“结构性参数”的定义。

RBC模型假定名义工资和价格具有完全弹性，经济中的各类市场能够即时出清，并认为经济增长和衰退是理性预期经济主体对外生冲击的做出的最佳反应和积极调节，任何时期经济均处于均衡状态，因此政府运用相机抉择政策熨平经济短期波动是不必要或有害的，这使得基于 RBC 理论的 DSGE 模型均不包含政府部门（即货币当局）的行为决策。由于上述理论基础与现实经济环境的不符，无法很好地刻画经济现实，致使 RBC 理论受到众多批判。实际上，DSGE 模型并不依赖于 RBC 模型的那些“古典”假定，因此可以与凯恩斯主义、新凯恩斯主义体系相融合，从而被应用到其他学派的理论中。

2. 新凯恩斯主义理论。

20 世纪 90 年代，各国中央银行对经济实施积极干预，且出现了大量支持货币政策有效性的实证研究，这都促进了新新古典综合（new neoclassical synthesis，NNS）的诞生。NNS 将 RBC 模型的结构特点与新凯恩斯主义相结合，建立了新凯恩斯主义 DSGE 模型。新凯恩斯主义 DSGE 模型在垄断竞争市场、价格和工资具有刚性（黏性，nominal rigidities）和理性预期的假设下，从前瞻性家庭、厂商以及货币当局的最优化问题中推导出整个经济的均衡条件，并认为不仅技术等供给方因素是经济波动的来源，宏观经济政策同样对产出等实际经济变量产生影响。与 RBC 模型相比，新凯恩斯主义 DSGE 模型从经济主体的最优化决策出发，为解释价格和工资黏性提供了可接受的微观基础，使其免于卢卡斯批判，且不完全竞争、价格和工资黏性的存在使得货币政策可对实体经济产生影响，弥补了 RBC 模型的不足。因此，主流 DSGE 模型大多以新凯恩斯主义理论为基础，并将货币政策纳入分析框架。

新凯恩斯主义 DSGE 模型包含三个重要方程：一是包含理性预期的 IS 曲线，该曲线与消费、货币需求、实际利率与产出密切相关，且与家庭的跨期优化欧拉方程相对应；二是具有前瞻性的 Phillips 曲线，该曲线表示垄断竞争市场中厂商的最优定价行为；三是类似 Taylor（1993）利率规则的货币规则，表明中央银行在调整名义利率时会依照产出，特别是通货膨胀的变动进行（见图 5 - 1）。新凯恩斯主义 DSGE 模型的另一个突出特点是价格和工资粘性，引入黏性的方式主要有两种：一是通过 Calvo（1983）的“调整信号”方式引入，即经济体中接收到随机“调整信号”的经济主体（企业和家庭）将其价格和工资调整到最优，而没有接收到信号的那部分经济主体则不最优化其价格和工资，如 CEE（2003），SW（2003）和李松华（2009a，b）等；二是通过 Rotemberg（1982）的“二次调整成本”方式引入，即经济主体调整其价格和工资存在成本，如 Ireland（1997，2001），Kim（2000）和 Atta-Mensah 和 Dib（2008）等。

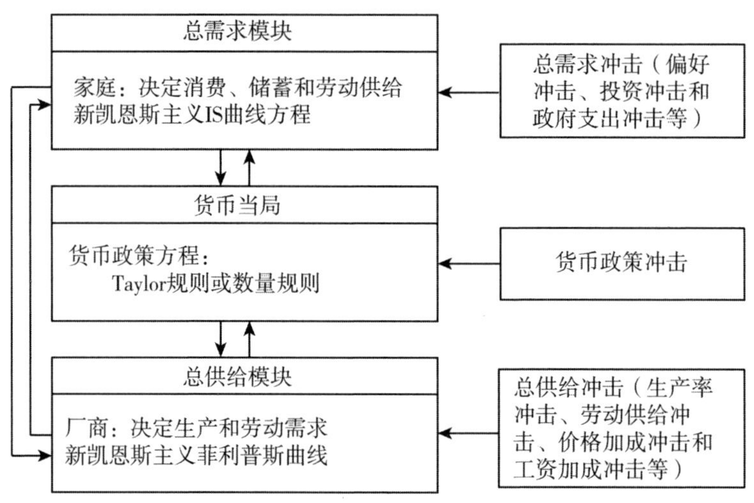

图 5 -1　DSGE 模型的基本框架

在新凯恩斯主义 DSGE 模型中，最具代表性的是 CEE（2001）和 SW（2003）。CEE（2001）假设了大量较为符合实际的名义摩擦和实际摩擦，分析货币冲击对经济的影响，结果表明，以最优化经济个体为基础，且含有名义工资黏性和不同调整成本的模型能够成功地解释货币政策冲击对经济的影响作用。SW（2003）在 CEE（2001）的基础上，在模型中引入 10 种结构性外生冲击（两种供给冲击、三种需求冲击、三种加成冲击和两种货币政策冲击），采用贝叶斯方法估计模型参数，并利用边缘似然函数与标准的 VAR 和 BVAR 模型进行比较，结果表明 DSGE 模型的表现优于 VAR，并且不差于 BVAR 模型。SW（2003）具有相对稳定的结构和正规的估计方法，成为欧洲中央银行进行经济预测和分析的基准模型。此后，许多国家和地区的中央银行也都以 SW（2003）为内核，开发适用于本国的 DSGE 宏观计量模型（见表 5 -1）。

表 5－1　　世界各国央行开发的 DSGE 模型

各国央行	DSGE 模型
European Central Bank（欧洲央行）	SW（2003，2007）、Christiano et al.（2010）New Area-Wide Model（NAWM 模型）
Federal Reserve Bank（美联储）	Erceg et al.（2006）、Edge et al.（2008）
Sveriges Riksbank（瑞典中央银行）	Adolfson et al.（2008）
Bank of Canada（加拿大银行）	Terms-of-Trade Economic Model（ToT 模型）
Bank of England（英格兰银行）	Bank of England Quarterly Model（BEGQM）
Norges Bank（挪威银行）	Models for Monetary Policy Analysis（MMPA）
Reserve Bank of New Zealand（新西兰储备银行）	Kiwi Inflation Targeting Technology（KITT）
Bank of Spain（西班牙银行）	BEMOD 模型
Central Bank of Brazil（巴西中央银行）	Stochastic Analytical Model with a Bayesian Approach（SAMBA）
Central Bank of Chile（智利中央银行）	Model for Analysis and Simulations（MAS）
Central Reserve Bank of Peru（秘鲁中央储备银行）	Aggregate General Equilibrium Model with Dollarization（AGEM－D）
Bank of Thailand（泰国银行）	Bank of Thailand DSGE Model
The People's Bank of China（中国人民银行）	Liu（2008）

资料来源：Chan 和 Tong（2011）。

5.1.2　DSGE 模型的主要特点

作为主流宏观分析工具的 DSGE 模型，是以微观和宏观经济理论为基础，采用动态优化的方法考察各经济主体（家庭、厂商等）的行为决策，即在家庭最大化其一生效用、厂商最大化其利润的假设下得到各经济主体的行为方程。从字面上看，动态随机一般均衡模型包含“动态”、“随机”和“一般均衡”三个关键要素。所谓“动态”，从微观层面来讲，强调的是经济主体的决策过程是一种跨期决策，经济主体的当期决策不仅存在当期影响，还可能对未来几期造成后续影响，因此经济主体是在理性预期的前提下，动态地考虑其决策后果，以实现跨期最优化；从宏观层面来将，“动态”指模型本身研究的是宏观经济在长期内如何发展变化。所谓“随机”，是对不确定性的描述，指模型考虑到经济体受到多种外生随机冲击的影响，通过冲击反应函数令各外生冲击的动态传导过程透明化。DSGE 模型自诞生以来主要用于模拟宏观经济中各种外生随机冲击的动态影响。所谓“一般均衡”，是指模型从最原始的经济学假设和前提出发，分别刻画消费者和生产者的最优化行为，考虑到经济体中各经济主体之间的相互作用和相互影响，并利用市场出清条件得出总体均衡时的价格和资源配置。

与传统宏观经济模型相比，DSGE 模型主要有以下四个方面的特征①。

首先，DSGE 模型具有理论上的严谨性。长期以来经济建模过程中一个没有得到根本解决的问题是，经济模型不能同时兼顾微观经济分析和宏观经济分析两方面，这两个方面在模型中基本上处于相对隔离的状态。而 DSGE 模型能够使宏观经济分析和微观经济分析完美结合，这是因为，DSGE 模型严格依据一般均衡理论，利用动态优化方法对各经济主体在不确定环境下的行为决策进行了详细的描述和刻画，因而它具有坚实的微观经济理论基础。在模型设定方面，DSGE 模型严格地依据理论上得到的经济主体行为方程，同时考虑了宏观上的加总技术，从而避免了模型设定的任意性问题。这种理论方法上的严谨性使 DSGE 模型真正能够成为整合微观经济分析和宏观经济分析的经济模型。

其次，DSGE 模型具有理论上的一致性。这主要具体体现在三个方面：一是 DSGE 模型在微观经济理论基础上，基于经济主体的行为决策采用适当的加总技术得到经济总量满足的行为方程，这从根本上保证了宏观经济分析与微观经济分析的一致性，并使模型具有良好的整体特征。二是 DSGE 模型不仅对经济主体的最优行为决策方式及各经济主体决策行为之间的相互关系进行了清晰描述，而且对经济的长期均衡状态（即稳态）及短期的动态调整过程进行了细致刻画，从而使长期与短期分析得到了有机

① 此部分主要参考刘斌，《动态随机一般均衡模型及其应用》，中国金融出版社，2010 年版。

结合。三是所有经济主体均根据偏好和约束做出最优决策，没有任何任意或武断的设定。

再次，DSGE 模型在不确定性环境下对经济主体的行为决策、行为方程中参数所依赖的深层次参数（即结构性参数）、各经济冲击的设定和识别、模型动态特征及预期形成机制进行了详细描述，具有显性的结构特点。DSGE 模型中宏观经济变量的行为方程被微观经济主体的跨期一阶均衡条件所代替，各微观经济主体行为的未来影响也被理性预期所替代，从而避免了卢卡斯批判。而且，这种显性的建模框架搭建了模型开发者与应用者之间理解与沟通的桥梁，提高了模型模拟和预测结果的可信度，增强了模拟分析结果的客观性。

最后，DSGE 模型在政策分析上具有优越性。DSGE 模型明确界定了偏好、技术和体制，这就明确了经济当事人“需要什么”，“能够生产什么”以及“以什么方式交易”。从理论上讲，通过求解 DSGE 模型能够预测经济体的实际生产、实际交易和实际消费，也能够对体制结构（包括政策）的变革效果做出有效预测，从而构造了一个政策分析的实验室，在政策分析和评价中发挥着巨大作用。而且，DSGE 模型以优化为基础的分析框架为福利分析提供了便利性，使其可以用来评价政策调整的福利效果，使政策的最优选择及各种政策的相互比较成为可能。另外，DSGE 模型的另一优势是所要求的数据信息相对较少。

尽管与传统宏观计量模型相比，DSGE 宏观计量模型具有上述诸多优点，但是它也存在许多不足。例如，有些学者提出，DSGE 模型假定理性预期对于现实来讲过于简化，且完全信息的价格太强，也与现实情况不符。再如，DSGE 模型对于金融摩擦的刻画较为简单，目前普遍使用的金融加速器模型只能描述金融市场摩擦的一部分；DSGE 模型对财政政策的分析比较简单等。

5.1.3　DSGE 模型的估计方法

DSGE 模型虽然具有坚实的理论基础，但只有其求解结果能够很好地拟合实际经济数据的特征，该模型才是一个有效的模型。DSGE 模型的求解结果依赖于模型中的参数值，因此参数设定是求解 DSGE 模型的重要环节。DSGE 模型中的参数包括两类：一是反映模型稳态特性的参数，通常采用校准（calibration）方法来设定；二是反映模型动态特性的参数，通常采用极大似然估计（maximum likelihood estimation，MLE）和贝叶斯估计（bayesian estimation）等方法获得。

校准方法的原理是在被解释变量的分布可知，而解释变量的分布很难知道的情况下，通过调整解释变量来实现被解释变量可观察到的分布与模拟分布之间的尽可能匹配，即通过模型的理论矩与观测数据尽可能一致而得到相关参数值。换句话说，校准是以微观事实为基础选择参数值，然后通过变量的某些特征（如方差或协方差）将模型的预测能力与实际数据相对照。校准方法由 Kydland 和 Prescott（1982）首次使用，并在 DSGE 模型发展的早期阶段得到广泛应用，如 Gali（2000）、Christiano et al.（2001）、Kollmann（2002）、陈昆亭和龚六堂（2006）、许振明和洪荣彦（2008）以及黄志刚（2009）等。校准方法的意义表现在以下两方面：首先，由于参数来源于微观事实，故校准提高了模型质量；其次，校准体现了演绎推断的思想。模型本身是输入量，而非输出量，从而避免了使用统计方法中“缺乏经济学意义”的“拒绝”或是“不能拒绝”。然而，该方法存在很多缺陷：一是在参数设定上，有些参数根据经验研究设定，有些参数是根据理论推导而来，有些参数来自经济在稳态时的表现。由于依据不同，故参数设定的方法和数值均需要推敲。二是模型参数都是主观模拟的结果，缺乏理论基础，也存在客观是否存在的问题。

20 世纪 90 年代以来，随着 DSGE 模型动态性的愈加丰富，以及计算机技术的不断提高，利用计量技术对参数进行估计逐渐应用到 DSGE 模型的求解过程中。与完全凭借观测数据经验值的校准法相比，参数估计具有良好的统计学和计量经济学基础。DSGE 模型的早期估计方法是完全信息的极大似然估计法，其操作步骤分为四步：一是将线性的、理性预期的 DSGE 模型中的前定变量（predetermined variable）表示为简化状态的方程式；二是用观测方程将不可观测变量与观测变量联系起来，改写为状态空间形式；三是用卡尔曼滤波（Kalman Filtering）得到模型参数的似然函数；四是通过最大化该似然函数来得到模型参数值。采用极大似然方法估计 DSGE 模型的文献如 Ireland（1997，2001），Kim（2000），Dib（2006），Chung et al.（2007）以及李松华（2009b）等。极大似然估计法的最大问题在于，其假设 DSGE 模型是真实的数据产生过程，而这有可能由于模型的误定义而在实证中被拒绝。而且，估计的观测变量个数不能超过 DSGE 模型中所包含的外生随机扰动个数，否则极大似然估计将会失效。

自 Schorfheide（2000）开始，利用贝叶斯估计方法求解 DSGE 模型逐渐成为一种趋势。贝叶斯估计基于贝叶斯定理发展起来，它提供了逻辑一致的框架，可以将参数先验信息和样本信息结合起来，用于系统地阐述和解决问题。完整的贝叶斯估计包括数据分析、构造概率模型、假设先验信息和效应函数以及最后的决策。具体来说，先验分布（prior distribution）设定了参数的可能取值，这些可能来自于模型稳态条件或者过去的经验。先验分布和似然函数结合得到参数后验分布的密度函数（posterior density function），通过将该后验分布关于模型参数直接最小化或采用蒙特卡洛马尔科夫链（MCMC）抽样方法加以最优化，根据产生的后验分布样本计算边缘分布以及后验分布的矩，即可得到 DSGE 模型结构参数的估计值。实际上，贝叶斯估计可看作是介于校准和最大似然方法之间的一种方法：当参数的先验分布是退化分布（分布标准差为 0）时，贝叶斯估计等价于校准；当先验分布“不明确”（non-informative）时，贝叶斯估计等价于最大似然方法。采用贝叶斯估计得到 DSGE 模型参数的文献有 SW（2003），Sugo & Ueda（2008），Ratto et al.（2009）以及李松华（2009a）等。贝叶斯估计的优势在于：一方面它可以充分利用观测变量包含的所有信息；另一方面它可以运用现有研究成果中包含的信息，从而提高模型估计的质量，特别是当观测数据的样本较小时。

但需要注意的是，由于与现实经济环境一致的 DSGE 模型中往往包含较多参数，其中的某些参数不可能通过估计得到，所以无论是极大似然估计方法还是贝叶斯估计方法，都无法将 DSGE 模型中的所有结构参数都估计出来，只能借助其他研究成果或相关数据对一些参数值进行校准，这意味着极大似然估计和贝叶斯估计都混合了校准方法。

5.2 新凯恩斯货币政策 DSGE 经典框架：SW（2003）

5.2.1 家庭部门

存在一个家庭连续闭集，用指数 τ 表示。家庭以提供不同类型的劳动进行区分。因此，每个家庭都有其劳动供给的垄断权。每个家庭 τ 最大化一个跨期效用函数如下：

$$E_0 \sum_{t=0}^{\infty} \beta^t U_t^\tau \tag{5.1}$$

其中，β 是折现因子，并且瞬时效用函数在消费和劳动力（休闲）上是可分的：

$$U_t^\tau = \varepsilon_t^b \left(\frac{1}{1-\sigma_c} (C_t^\tau - H_t)^{1-\sigma_c} - \frac{\varepsilon_t^L}{1+\sigma_l} (\ell_t^\tau)^{1+\sigma_l} \right) \tag{5.2}$$

商品消费 C_t^τ 产生正效用，而 C_t^τ 与外部习惯变量 H_t 相关。劳动力供给 ℓ_t^τ 产生负效用。σ_c 表示家庭的相对风险规避系数，或跨期替代弹性的倒数；σ_l 表示与实际工资相关的劳动投入弹性的倒数。

方程（5.2）还包含两个偏好冲击：ε_t^b 代表影响家庭跨期替代的折现率冲击（偏好冲击）；ε_t^L 代表劳动力供给冲击。假定这两个冲击都是具有独立同分布正态误差项的一阶自回归过程：$\varepsilon_t^b = \rho_b \varepsilon_{t-1}^b + \eta_t^b$ 和 $\varepsilon_t^L = \rho_L \varepsilon_{t-1}^L + \eta_t^L$。

假定外部习惯存量与往期总消费成比例：

$$H_t = hC_{t-1} \tag{5.3}$$

家庭将其目标函数最大化，这一过程服从如下跨期预算约束：

$$b_t \frac{B_t^\tau}{P_t} = \frac{B_{t-1}^\tau}{P_t} + Y_t^\tau - C_t^\tau - I_t^\tau \tag{5.4}$$

家庭以债券 B_t 的形式持有金融财富，债券为 1 年期证券，价格为 b_t。当期的工资和金融财富可用于消费和实物资本投资。

家庭总收入由下式给出：

$$Y_t^{\tau} = (w_t^{\tau} l_t^{\tau} + A_t^{\tau}) + (r_t^k z_t^{\tau} K_{t-1}^{\tau} - \psi(z_t^{\tau}) K_{t-1}^{\tau}) + Div_t^{\tau} \tag{5.5}$$

总收入由三部分组成：劳动收入和来自于状态依存（state-contingent）证券的净现金流入（$w_t^{\tau} l_t^{\tau} + A_t^{\tau}$）；实际资本存量收益扣除与资本利用程度变动相关的成本（$r_t^k z_t^{\tau} K_{t-1}^{\tau} - \psi(z_t^{\tau}) K_{t-1}^{\tau}$），即资本净收益；来自不完全竞争中间厂商的垄断红利（Div_t^{τ}）。

沿用 CEE（2001）的思路，我们假定存在状态依存证券，以便保证家庭应对特定劳动收入发生变动的情况。这使得劳动总收入成为家庭收入中最重要的部分，且财富边际效用对于不同类型的家庭而言是相同的。①

家庭出租资本所获得的收入，不仅取决于往期配置的资本水平，还取决于其利用率 z_t。与 CEE（2001）一样，我们假定当资本利用率等于 1 时，资本利用成本等于 0（$\psi(1) = 0$）。以下依次讨论家庭的每个决策。

1. 消费和储蓄行为。

在关于消费和持有债券的预算约束（5.4）下，最大化目标函数（5.1）须满足以下消费一阶条件：

$$E_t\left[\beta \frac{\lambda_{t+1}}{\lambda_t} \frac{R_t P_t}{P_{t+1}}\right] = 1 \tag{5.6}$$

其中，R_t 表示债券收益的总名义利率（$R_t = 1 + i_t = 1/b_t$），λ_t 表示消费的边际效用②，且有：

$$\lambda_t = \varepsilon_t^b (C_t - H_t)^{-\sigma_c} \tag{5.7}$$

考虑到外部习惯形成的存在，式（5.6）和式（5.7）是常见的消费增长一阶条件的推广。

2. 劳动力供给决策和工资决定方程。

家庭是劳动力市场中的价格制定者。沿用 Kollmann（1997）以及 Erceg，Henderson 和 Levin（2000）的思路，我们假定工资只能在接受随机

---

① CEE（2001）更完全的分析。

② 我们假定不同居民家庭的消费边际效用相等。

的“工资变化信号”之后才能进行优化调整。设在 t 期，家庭能够优化调整其名义工资的可能性是相等的，概率为外生固定的 $1-\xi_w$，即名义工资不能调整的概率为 ξ_w，这是对名义工资黏性的测度。家庭 τ 在 t 期接收信号，并设定新的名义工资 $\tilde{w}_t^\tau$，考虑到优化概率，近期不再进行重新优化。此外，还要考虑工资的部分指数化，即不能根据往期通胀进行调整。综上所述，下式给出家庭最终优化工资：

$$W_t^\tau = \left(\frac{P_{t-1}}{P_{t-2}}\right)^{\gamma_w} W_{t-1}^\tau \tag{5.8}$$

其中，γ_w 表示工资指数调整弹性。当 $\gamma_w=0$ 时，不存在指数化，工资不再重新优化，故保持不变；当 $\gamma_w=1$ 时，对往期通货膨胀完全指数化。

家庭通过调整名义工资来实现跨期目标函数（5.1）的最大化，该目标函数不仅服从跨期预算约束，也要遵从劳动需求约束。劳动需求表示如下：

$$l_t^\tau = \left(\frac{W_t^\tau}{W_t}\right)^{-(1+\lambda_{w,t})/\lambda_{w,t}} L_t \tag{5.9}$$

其中，$\lambda_{w,t}$ 表示工资变动弹性指数。劳动总需求 L_t 和名义总工资 W_t 由以下迪克西特—斯蒂格利茨式聚合函数（Dixit-Stiglitz-type Aggregator Function）给出：

$$L_t = \left[\int_0^1 (l_t^\tau)^{1/(1+\lambda_{w,t})} d\tau\right]^{(1+\lambda_{w,t})} \tag{5.10}$$

$$W_t = \left[\int_0^1 (W_t^\tau)^{-1/\lambda_{w,t}} d\tau\right]^{-\lambda_{w,t}} \tag{5.11}$$

这一最大化问题得到以下重新优化工资的加成方程：

$$\frac{\tilde{w}_t}{P_t} E_t \sum_{i=0}^{\infty} \beta^i \xi_w^i \left(\frac{(P_t/P_{t-1})^{\gamma_w}}{P_{t+i}/P_{t+i-1}}\right) \frac{l_{t+i}^\tau U_{t+i}^C}{1+\lambda_{w,t+i}} = E_t \sum_{i=0}^{\infty} \beta^i \xi_w^i l_{t+i}^\tau U_{t+i}^\ell \tag{5.12}$$

其中，U_{t+i}^ℓ 表示劳动的边际负效用，U_{t+i}^C 表示消费的边际效用。$\left(\frac{(P_t/P_{t-1})^{\gamma_w}}{P_{t+i}/P_{t+i-1}}\right)$ 表示消费价格调整指数，其中，$(P_t/P_{t-1})^{\gamma_w}$ 表示社会价格指数，P_{t+i}/P_{t+i-1} 表示家庭 i 的价格指数。方程（5.12）描述的是 t 时刻工资可调整家庭 τ 实际工资的决定，劳动边际收入的现值是边际成本（劳动的主观成本）现值的加成。[①] 当工资完全可调整（$\xi_w=0$）时，实际工资等于劳动边际负效用与增加一单位额外消费所产生的边际效用的当前比率的基础上的加成（等于 $1+\lambda_{w,t}$）。实际上，（5.12）式是在消费与劳动替代率等于其价格之比（经典最大化形式）的基础上，考虑工资的随机冲击，用 $\lambda_{w,t+i}\frac{U_{t+i}^{\ell}}{U_{t+i}^{C}}$作加成项调整。我们假定工资加成冲击 $\lambda_{w,t}=\lambda_w+\eta_t^w$ 是一个独立同分布的正态分布。

鉴于方程（5.11），总工资指数变动公式如下：

$$(W_t)^{-1/\lambda_{w,t}}=\xi_w\left(W_{t-1}\left(\frac{P_{t-1}}{P_{t-2}}\right)^{\gamma_w}\right)^{-1/\lambda_{w,t}}+(1-\xi_w)(\tilde{w}_t)^{-1/\lambda_{w,t}} \tag{5.13}$$

3. 投资和资本积累。

假设家庭拥有资本存量，是生产中的同质要素。他们以给定的租金率 r_t^k 提供给中间品生产商。家庭增加资本租赁供给的途径有二个：一是通过投资额外的资本（I_t），这需要花费一定的时间；二是通过改变已配置资本的利用率（z_t）。它们均以牺牲家庭往期消费为代价（参见跨期预算约束（5.4）式和（5.5）式）[②]。家庭通过资本存量、投资和利用率的选择，最大化其跨期目标函数，该函数须满足跨期预算约束和以下资本积累方程：

$$K_t=K_{t-1}[1-\tau]+[1-S(\varepsilon_t^I I_t/I_{t-1})]I_t \tag{5.14}$$

其中，I_t 表示总投资，τ 表示折旧率，调整成本函数 $S(\cdot)$ 是投资变动的增函数[③]。$S(\cdot)$ 在稳态时等于 0，此时投资水平等于常数。另外，我们假定 $S(\cdot)$ 的一阶导数在均衡附近也等于 0，因此，调整成本仅与二阶导数相关，这与 CEE（2001）的观点一致。我们还引入了投资成本函数冲

① 标准 RBC 模型假设劳动力供给无限弹性，以获得实际工资与就业行为的现实周期波动属性。随着黏性价格模型产出扩大，无限供给弹性限制了边际成本和价格的增长，有助于产生货币冲击的实际持久性。模型中名义工资刚性的引入，至少在短期，使得模拟结果较少依赖于消费，工资与边际成本对产出冲击变得低敏感。

② 更多的文献偏好使用这种成本设定，而不是根据高折旧率设定的成本（参见 King 和 Rebelo（2000），或 Greenwood，Hercowitz，Huffman（1988）；Dejong，Ingram 和 Whiteman（2000）），因为成本由消费品而不是由资本品表示。这个公式限制了产出扩张的边际成本增加（见 CEE，2001）。

③ CEE（2001）。

击，并假定该冲击是一阶自回归过程，具有独立同分布的正态误差项 $\varepsilon_t^I = \rho_I \varepsilon_{t-1}^I + \eta_t^I$。①

求解满足跨期预算约束和资本积累方程的目标函数一阶条件，得到决定资本实际价值、投资和资金利用率的如下方程：

$$Q_t = E_t\left[\beta \frac{\lambda_{t+1}}{\lambda_t}(Q_{t+1}(1-\tau) + z_{t+1}r_{t+1}^k - \psi(z_{t+1}))\right] \tag{5.15}$$

$$Q_t S'\left(\frac{\varepsilon_t^I I_t}{I_{t-1}}\right)\frac{\varepsilon_t^I I_t}{I_{t-1}} - \beta E_t Q_{t+1}\frac{\lambda_{t+1}}{\lambda_t}S'\left(\frac{\varepsilon_{t+1}^I I_{t+1}}{I_t}\right)\left(\frac{\varepsilon_{t+1}^I I_{t+1}}{I_t}\right)\frac{I_{t+1}}{I_t} + 1 = Q_t\left(1 - S\left(\frac{\varepsilon_t^I I_t}{I_{t-1}}\right)\right) \tag{5.16}$$

$$r_t^k = \psi'(z_t) \tag{5.17}$$

（5.15）式表明已配置资本 Q_t 的价值取决于经 $\beta\frac{\lambda_{t+1}}{\lambda_t}$贴现的三因素未来预期值，包括资本折旧 $Q_{t+1}(1-\tau)$，资本利用率收益 $z_{t+1}r_{t+1}^k$ 扣除利用率成本 $\psi(z_{t+1})$ 的净收益。（5.16）式表明新投资必然带来原有资本的调整，其中，$S'\left(\frac{\varepsilon_t^I I_t}{I_{t-1}}\right)$表示投资边际成本，$Q_t S'\left(\frac{\varepsilon_t^I I_t}{I_{t-1}}\right)\frac{\varepsilon_t^I I_t}{I_{t-1}}$表示 t 期投资成本，$\beta E_t Q_{t+1}\frac{\lambda_{t+1}}{\lambda_t}S'\left(\frac{\varepsilon_{t+1}^I I_{t+1}}{I_t}\right)$表示贴现的预期 t+1 期投资成本，$Q_t\left(1 - S\left(\frac{\varepsilon_t^I I_t}{I_{t-1}}\right)\right)$表示 t 期有效资本存量。（5.17）式利用率的一阶条件表明较高的资本利用成本等于资本租赁价格。随着租金率的提高，对资本存量加大使用愈发有利可图，直到额外收益等于额外产出成本为止。可变资本利用率的另一个含义是，它减少了产出变动对资本租金率的影响，进而降低了边际成本对产出波动的反应。

5.2.2 技术与厂商

假定一国生产单一最终产品和一系列中间产品，用 j 表示，其中 j∈［0，1］在单位区间分布。最终产品部门是完全竞争的，被家庭用于消费和投资。

① Keen（2001）。

中间产品市场是垄断竞争性的，每个中间产品由一个单一厂商生产。

1. 最终产品部门。

最终产品按照如下不变替代弹性 CES 技术，使用中间产品生产：

$$Y_t = \left[\int_0^1 (y_t^j)^{1/(1+\lambda_{p,t})} dj\right]^{1+\lambda_{p,t}} \tag{5.18}$$

其中，y_t^j 表示 t 时期用于最终产品生产的国内中间产品 j 的数量，$\lambda_{p,t}$表示决定商品市场时变加成的随机参数。对此参数的冲击可被理解为对通货膨胀方程的“成本推动”冲击。假定 $\lambda_{p,t} = \lambda_p + \eta_t^p$，其中，$\eta_t^p$ 表示独立同分布的正态分布。

最终产品部门的成本最小化条件可表示为：

$$y_t^j = \left(\frac{p_t^j}{p_t}\right)^{-(1+\lambda_{p,t})/\lambda_{p,t}} Y_t \tag{5.19}$$

其中，p_t^j 表示中间产品的价格，p_t 表示最终产品价格。完全竞争的最终产品市场意味着 p_t 可表示为：

$$p_t = \left[\int_0^1 (p_t^j)^{-1/\lambda_{p,t}} dj\right]^{-\lambda_{p,t}} \tag{5.20}$$

2. 中间产品生产商。

每一个中间产品 j 按照如下 C－D 技术由厂商 j 生产：

$$y_t^j = \varepsilon_t^a \tilde{K}_{j,t}^{\alpha} L_{j,t}^{1-\alpha} - \Phi \tag{5.21}$$

其中，ε_t^a 表示生产率冲击（假定其遵循一阶自回归过程：$\varepsilon_t^a = \rho_a \varepsilon_{t-1}^a + \eta_t^a$）；$\tilde{K}_{j,t}$表示资本存量的有效利用，由 $\tilde{K}_{j,t} = z_t K_{j,t-1}$给出。$L_{j,t}$是由（5.10）式给出的厂商使用不同种类劳动力的指数，Φ 表示固定成本。

成本最小化意味着：

$$\frac{W_t L_{j,t}}{r_t^k \tilde{K}_{j,t}} = \frac{1-\alpha}{\alpha} \tag{5.22}$$

（5.22）式表明，资本/劳动比率对所有中间品厂商而言是相同的，等于总的资本/劳动比。厂商的边际成本如下：

$$MC_t = \frac{1}{\varepsilon_t^a} W_t^{1-\alpha} r_t^{k\alpha} (\alpha^{-\alpha}(1-\alpha)^{-(1-\alpha)}) \tag{5.23}$$

其意味着边际成本也独立于中间品生产。厂商 j 的名义利润如下：

$$\pi_t^j = (p_t^j - MC_t)\left(\frac{p_t^j}{p_t}\right)^{-(1+\lambda_{p,t})/\lambda_{p,t}}(Y_t) - MC_t\Phi \quad (5.24)$$

每个中间品厂商 j 对自己的商品具有市场支配力，可以使用贴现率（$\beta\rho_t$）最大化其预期利润，这与股东/家庭所使用的名义回报这一定价核心相一致，即 $\rho_{t+k} = (\lambda_{t+k}/\lambda_t)(1/p_{t+k})$。

与 Calvo（1983）一样，本书假定厂商只有接收到随机“价格变化的信号”才会改变其产品的名义价格。假定名义价格变动的概率是常数 $1-\xi_p$，即 ξ_p 为名义价格黏性测度。沿着 CEE（2001）的思路，本书假定没有收到价格信号的厂商，其价格与上一期通货膨胀率挂钩。与 CEE（2001）不同的是，我们考虑到部分指数化。① 引入偏好（习惯）变化弹性 γ_p，得到 t 期进行价格重新优化的中间品厂商的利润最大化一阶条件：

$$E_t\sum_{i=0}^{\infty}\beta^i\xi_p^i\lambda_{t+i}y_{t+i}^j\left(\frac{\tilde{p}_t^j}{P_t}\left(\frac{(P_{t-1+i}/P_{t-1})^{\gamma_p}}{(P_{t+i}/P_t)}\right)-(1+\lambda_{p,t+i})mc_{t+i}\right)=0 \quad (5.25)$$

（5.25）式表明，t 时刻，厂商 j 的价格集是一个预期边际成本 mc_{t+i} 的函数。该价格是这些加权边际成本的加成。如果价格具有充分可变弹性，即名义价格黏性概率 $\xi_p=0$，那么 t 期的加成等于 $1+\lambda_{p,t}$。当经济遭受外部冲击影响时，由于价格存在黏性，故加成随时间推移而变动。正需求冲击降低价格加成，并且刺激就业、投资和实际产出。

（5.20）式中关于价格指数的定义意味着价格可由下式决定：

$$(P_t)^{-1/\lambda p,t} = \xi_p\left(P_{t-1}\left(\frac{P_{t-1}}{P_{t-2}}\right)^{\gamma_p}\right)^{-1/\lambda p,t} + (1-\xi_p)(\tilde{p}_t^j)^{-1/\lambda p,t} \quad (5.26)$$

5.2.3 市场均衡

如果产出等于家庭消费和投资的需求加上政府需求，那么最终产品市

① Erceg、Henderson 和 Levin（2000）通过对平均稳态通货膨胀率进行指数化。对于滞后通货膨胀，允许非优化价格指数化，导致通货膨胀的线性化方程是期望未来通货膨胀与滞后通货膨胀的平均数。该结果不同于 Calvo 模型中产生一个纯前向通货膨胀过程。更一般的通货膨胀过程从最优化行为产生，这使得模型在政策和福利分析上更稳健。这一指数化的另一个后果是，垄断竞争者的个体价格间的价格离散程度与一个不变价格设定行为相比较，价格离散程度将会更小。这对于通货膨胀成本的福利评估而言也将有重要结果。

场实现均衡：

$$Y_t = C_t + G_t + I_t + \psi(z_t)K_{t-1} \tag{5.27}$$

当中间产品生产者的资本需求等于家庭供给时，资本市场就处于均衡状态。如果厂商的劳动力需求等于家庭所设定工资水平下的劳动力供给，那么劳动力市场也处于均衡状态。

利率由描述货币政策决策的反应函数决定。这个规则将在后面的章节中加以讨论。在资本市场中，均衡意味着政府负债以市场利率 R_t 被国内投资者所持有。

5.2.4　线性化模型

为了第三部分的实证分析，我们在非随机稳态附近对前文描述的模型方程进行线性化。以下总结所得到的线性理性期望方程。变量上面的^表示对稳态的对数偏离。

基于具有外部习惯形成的（5.6）式和（5.7）式，消费方程如下：

$$\hat{C}_t = \frac{h}{1+h}\hat{C}_{t-1} + \frac{1}{1+h}E_t\hat{C}_{t+1} - \frac{1-h}{(1+h)\sigma_c}(\hat{R}_t - E_t\hat{\pi}_{t+1}) + \frac{1-h}{(1+h)\sigma_c}(\hat{\varepsilon}_t^b - E_t\hat{\varepsilon}_{t+1}^b) \tag{5.28}$$

其中，σ_c 表示家庭消费相对风险规避系数，ε_t^b 表示偏好变动冲击，影响家庭跨期替代折现率的冲击，$\varepsilon_t^b = \rho_b\varepsilon_{t-1}^b + \eta_t^b$。当 $h=0$ 时，该式可退化为传统的前瞻性消费等式。随着外部习惯形成，消费取决于往期消费和未来预期消费的加权平均值。在这种情况下，消费利率弹性不仅取决于跨期替代弹性，还取决于习惯持久性参数。当替代弹性给定时，较高的习惯持久性往往能够减少实际利率对消费的影响。

基于（5.16）式，投资方程如下：

$$\hat{I}_t = \frac{1}{1+\beta}\hat{I}_{t-1} + \frac{\beta}{1+\beta}E_t\hat{I}_{t+1} + \frac{\varphi}{1+\beta}\hat{Q}_t - \frac{\beta E_t\hat{\varepsilon}_{t+1}^I - \hat{\varepsilon}_t^I}{1+\beta} \tag{5.29}$$

其中，$\varphi = 1/\bar{S}''$。正如 CEE（2001）所提出的，对资本调整成本建模，将

其作为投资变动的函数，而不是投资水平的函数，这将导致投资方程的额外动态，当出现包括货币政策冲击在内的各种冲击时，投资将出现驼峰状反应。对调整成本函数的正向冲击 $\varepsilon_t^I = \rho_I \varepsilon_{t-1}^I + \eta_t^I$，$\hat{\varepsilon}_t^I > 0$（也表示为负的投资冲击），将暂时减少投资。

基于（5.15）式并对应（5.29）式，得到 Q 方程如下：

$$\hat{Q}_t = -(\hat{R}_t - \hat{\pi}_{t+1}) + \frac{1-\tau}{1-\tau+\bar{r}^k} E_t \hat{Q}_{t+1} + \frac{\bar{r}^k}{1-\tau+\bar{r}^k} E_t \bar{r}_{t+1}^k + \eta_t^Q \quad (5.30)$$

其中，$\beta = 1/(1-\tau+\bar{r}^k)$，$\tau$ 表示折旧率，$r_t^k = \psi'(z_t)$ 表示用利用率成本定义的租金。资本存量的当前值与事前实际利率负相关，与其未来预期值和预期租金率正相关。η_t^Q 表示股本投资的预期收益率，引入对它的冲击意味着获得了考察资本成本变动的捷径，它可能是由于外部融资溢价的随机变动引起的。① 我们假定该股本溢价冲击是一个正态独立同分布过程。在一个成熟模型中，资本品生产和与之相联系的投资过程应在单独部门中建模。在这种情况下，现实资本借贷者和金融中介机构之间的信息不对称可能提高随机外部融资溢价。Bernanke、Gertler 和 Gilchrist（1998）指出，对完美资本市场假设的偏离可能导致金融资产收益与企业净资产权益收益之间存在差异。我们隐含假定，两种收益之间的偏差可由一个随机冲击反映，而该种信息摩擦导致的稳态扭曲等于 0。②

资本积累方程为：

$$\hat{K}_t = (1-\tau)\hat{K}_{t-1} + \tau \hat{I}_{t-1} \quad (5.31)$$

由于部分指数化，通货膨胀方程变成更为一般的标准新凯恩斯主义菲利普斯曲线的规范形式：

$$\begin{aligned}\hat{\pi}_t = & \frac{\beta}{1+\beta\gamma_p} E_t \hat{\pi}_{t+1} + \frac{\gamma_p}{1+\beta\gamma_p} \hat{\pi}_{t-1} \\ & + \frac{1}{1+\beta\gamma_p} \frac{(1-\beta\xi_p)(1-\xi_p)}{\xi_p} [\alpha \hat{r}_t^k + (1-\alpha)\hat{w}_t - \hat{\varepsilon}_t^a + \eta_t^p] \quad (5.32)\end{aligned}$$

① 这是唯一与经济结构无直接关系的冲击。

② 这个冲击也将产生外生扭曲或资产价格非理性泡沫。关于该权益溢价冲击的其他解释以及存在此类冲击条件下的最优货币政策分析，参见 Dupor（2001）。

式（5.32）表明，通货膨胀取决于往期通货膨胀、未来预期通货膨胀以及当前的边际成本。其中，$r_t^k = \psi'(z_t)$表示利用率成本定义租金，$\hat{w}_t$为工资，$\varepsilon_t^a = \rho_a \varepsilon_{t-1}^a + \eta_t^a$是生产率冲击，$\eta_t^p$为标准独立同分布的，表示“成本推动”通货膨胀冲击$\lambda_{p,t} = \lambda_p + \eta_t^p$的随机变量。显然，厂商边际成本是实际工资、资本租金率和生产率参数的函数。当$\gamma_p = 0$时，这个公式恢复为标准的前瞻性菲利普斯曲线。换句话说，指数化程度决定了通货膨胀过程是如何后瞻的。厂商边际成本变化对通货膨胀弹性的影响，是由名义价格黏性程度ξ_p决定的。当所有的名义价格都具有充分弹性，且价格加成冲击η_t^p等于0时，上式简化为在弹性价格经济体中，厂商实际边际成本应该等于1，即$\alpha \hat{r}_t^k + (1-\alpha)\hat{w}_t = 1$。

同样，由名义工资的部分指数化得到以下实际工资方程：

$$\begin{aligned}
\hat{w}_t = {} & \frac{\beta}{1+\beta}E_t\hat{w}_{t+1} + \frac{1}{1+\beta}\hat{w}_{t-1} + \frac{\beta}{1+\beta}E_t\hat{\pi}_{t+1} - \frac{1+\beta\gamma_w}{1+\beta}\hat{\pi}_t \\
& + \frac{\gamma_w}{1+\beta}\hat{\pi}_{t-1} - \frac{1}{1+\beta}\frac{(1-\beta\xi_w)(1-\xi_w)}{\left(1+\frac{(1+\lambda_w)\sigma_L}{\lambda_w}\right)\xi_w} \\
& \times \left[\hat{w}_t - \sigma_L\hat{L}_t - \frac{\sigma_L}{1-h}(\hat{C}_t - h\,\hat{C}_{t-1}) - \hat{\varepsilon}_t^L - \eta_t^w\right]
\end{aligned} \tag{5.33}$$

实际工资是预期实际工资、往期实际工资以及预期的、当前的和过去的通货膨胀率的函数，其中，相对权重取决于未优化工资的指数化程度γ。当$\gamma_w = 0$时，实际工资不再依赖于滞后的通货膨胀率。实际工资与具有充分弹性的劳动市场工资之间存在一个负效应偏差：

$$-\frac{1}{1+\beta}\frac{(1-\beta\xi_w)(1-\xi_w)}{\left(1+\frac{(1+\lambda_w)\sigma_L}{\lambda_w}\right)\xi_w} \times \left[\hat{w}_t - \sigma_L\hat{L}_t - \frac{\sigma_L}{1-h}(\hat{C}_t - h\,\hat{C}_{t-1}) - \hat{\varepsilon}_t^L - \eta_t^w\right]$$

该负效应中，工资刚性程度ξ_w越小，劳动需求弹性λ_w越低，劳动供给弹性的倒数σ_L越低（劳动供给曲线越平坦）时，负效应影响的程度将越大。该偏差中，实际工资$\hat{w}_t$需要扣除实际劳动供给偏差$\sigma_L\hat{L}_t$，消费习惯改变$\frac{\sigma_L}{1-h}(\hat{C}_t - h\hat{C}_{t-1})$因素，劳动供给冲击$\varepsilon_t^L = \rho_L\varepsilon_{t-1}^L + \eta_t^L$因素，工资调

整随机冲击 η_t^w 因素。

根据厂商边际成本均等原则（equalization of marginal cost），对于一个给定的资本存量 $\hat{K}_{t-1}$，劳动力需求 $\hat{L}_t$ 与（每单位弹性的）实际工资成反比，与资本租金率成正比：

$$\hat{L}_t = -\hat{w}_t + (1+\psi)\hat{r}_t^k + \hat{K}_{t-1} \tag{5.34}$$

其中，$\psi = \psi'(1)/\psi''(1)$，是资本利用成本弹性的倒数。

商品市场均衡条件如下：

$$\begin{aligned}\hat{Y}_t &= (1-\tau k_y - g_y)\hat{C}_t + \tau k_y \hat{I}_t + g_y \varepsilon_t^G \\ &= \phi\hat{\varepsilon}_t^a + \phi\alpha\hat{K}_{t-1} + \phi\alpha\psi\hat{r}_t^k + \phi(1-\alpha)\hat{L}_t\end{aligned} \tag{5.35}$$

其中，k_y 表示稳态资本/产出比，g_y 表示稳态政府购买/产出比，$\phi = 1+\Phi$ 表明 ϕ 等于 1 加上生产的固定成本 Φ。我们假定政府购买冲击是一阶自回归过程，其独立同分布的正态误差项可表示为 $\varepsilon_t^G = \rho_G \varepsilon_{t-1}^G + \eta_t^G$。最后，封闭模型还需加上以下货币政策反应函数：

$$\begin{aligned}\hat{R}_t = \rho\hat{R}_{t-1} + (1-\rho)\{\overline{\pi}_t + r_\pi(\hat{\pi}_{t-1} - \overline{\pi}_t) + r_Y(\hat{Y}_t - \hat{Y}_t^p)\} \\ + r_{\Delta\pi}(\hat{\pi}_t - \hat{\pi}_{t-1}) + r_{\Delta y}(\hat{Y}_t - \hat{Y}_t^p - (\hat{Y}_{t-1} - \hat{Y}_{t-1}^p)) + \eta_t^R\end{aligned} \tag{5.36}$$

实际上，上式是扩展的广义泰勒规则，它将利率决定分成两部分：第一部分是经典的泰勒规则调整 $\rho\hat{R}_{t-1} + (1-\rho)\{\overline{\pi}_t + r_\pi(\hat{\pi}_{t-1} - \overline{\pi}_t) + r_Y(\hat{Y}_t - \hat{Y}_t^p)\}$，其中，$\overline{\pi}_t$ 表示通货膨胀稳态目标，$\hat{Y}_t^p$ 表示潜在产出，ρ 表示平滑前期利率的参数。与 DSGE 模型相一致，潜在产出定义为不存在三个“成本推动型”冲击时，在弹性价格和工资条件最大产出水平。第二部分是基于实际利率 $\hat{R}_t$ 存在通货膨胀和产出滞后偏差效应观点的扩展 $r_{\Delta\pi}(\hat{\pi}_t - \hat{\pi}_{t-1}) + r_{\Delta y}(\hat{Y}_t - \hat{Y}_t^p - (\hat{Y}_{t-1} - \hat{Y}_{t-1}^p)) + \eta_t^R$，其中，通货膨胀滞后偏差定义为通货膨胀目标与滞后通货膨胀偏差，即（$\hat{\pi}_t - \hat{\pi}_{t-1}$），产出偏差定义为实际和潜在产出缺口与滞后的实际和潜在产出缺口之间的偏差，即 $(\hat{Y}_t - \hat{Y}_t^p) - (\hat{Y}_{t-1} - \hat{Y}_{t-1}^p)$（参见 Taylor，1993）。此外，也存在 $r_{\Delta\pi}$、$r_{\Delta y}$ 为改变当前通货膨胀和产出缺口的短期调整。最后，我们认为存在两个货币政策的冲击：一个是对通货膨胀目标的持久性冲击（$\overline{\pi}_t$），假定其遵循一阶自回归过程（$\overline{\pi}_t = \rho_\pi \overline{\pi}_{t-1} + \eta_t^\pi$）；另一个是暂时性的、独立同分布正态的利率冲击（$\eta_t^R$）。后者被认为是货币政策冲击。当然，需要注意的是，在我们估计（5.36）式所需的大部分样本期内，欧洲不存在单一的货币当局。然而，Gerlach 与 Schnabel（2000）研究表明，自 20 世纪 90 年代初以来，欧元区的平均利率被泰勒规则刻画得相当不错。这与 Clarida、Gali 和 Gertler（1998）的结论相一致，即泰勒型货币政策反应函数能够描述 20 世纪 80 年代初以来德国联邦银行（作为欧洲汇率机制的实际锚）以及法国和意大利央行的行为。

式（5.28）到式（5.36）决定了我们模型中的 9 个内生变量：$\hat{\pi}_t$，$\hat{w}_t$，$\hat{K}_{t-1}$，$\hat{Q}_t$，$\hat{I}_t$，$\hat{C}_t$，$\hat{R}_t$，$\hat{r}_t^k$，$\hat{L}_t$。线性理性预期方程系统的随机行为由 10 个外生冲击变量驱动：五个由技术和偏好所产生的冲击（ε_t^a，ε_t^I，ε_t^b，ε_t^L，ε_t^G），三个“成本推动型”冲击（η_t^w，η^p 和 η_t^Q），两种货币政策冲击（$\overline{\pi}_t$ 和 η_t^R）。如前所述，第一组冲击变量被假定为遵循独立的一阶自回归随机过程，而第二组被认为是独立同分布的独立过程。

第6章

基于DSGE模型的我国货币政策工具调控绩效分析

6.1 模型设定

如前所述，货币政策工具可分为数量型工具和价格型工具两类。前者侧重于直接调控货币供给量，主要包括法定存款准备金率、公开市场操作以及再贴现和再贷款等；后者侧重于间接调控，主要包括利率调控和汇率政策。[①] 第二次世界大战以后，世界各国十分流行相机抉择（discretion）的货币政策，即中央银行根据其对经济形势的判断，为达到既定的货币政策目标而采取的权衡性措施，不受任何固定程序或原则的束缚。弗里德曼（Friedman，1969）认为，相机抉择的货币政策假定公众预期在每期都是给定的，但是中央银行的机会主义和短视行为将导致公众预期不稳定，进而降低中央银行的信誉，对经济稳定产生不良影响。这意味着，在中央银行运用货币政策工具进行宏观调控之前，需要事先确定货币政策工具的操作程序和原则，也即货币政策工具系统性的行为方式，这就是所谓的货币政策规则。与两类货币政策工具相对应，货币政策规则主要包括数量规则和利率规则。前者由 McCallum（1988）提出，以基础货币为货币政策工具来

① 由于本书的研究基于封闭经济体，故不涉及汇率政策。

调整经济中的其他变量，以保持经济稳定；后者由 Taylor（1993）提出，以调整短期名义利率作为货币政策工具来稳定经济。

实际上，货币政策工具和货币政策规则的选取要视不同国家的具体经济情况和发展阶段而定。西方发达国家自 20 世纪 90 年代以来就逐渐从数量规则过渡到了利率规则，这是因为随着金融创新的不断加快，货币供给量的可测性和可控性逐渐下降。就我国而言，由于目前我国还未实行完全的利率市场化，故现阶段货币政策规则以数量规则为主，利率规则为辅。但对于何种货币政策工具和相应的货币政策规则更适合我国这个问题，至今没有定论，这也是各界争论的焦点。在近期关于我国经济的 DSGE 模型研究中，分别使用这两种规则以及利用两种规则进行双重调控的文献数量不相上下（见表 6－1）。

表 6－1　　不同货币政策规则在我国 DSGE 模型研究中的应用

利率规则	数量规则	混合规则
陈昆亭和龚六堂（2006）	李春吉和孟晓宏（2006）	刘斌（2003）
许伟和陈斌开（2009）	徐高（2008）	Liu 和 Zhang（2007）
刘斌（2009）	许志伟（2010）	刘斌（2008）
王文甫（2010）	王君斌和王文甫（2010）	
汪川等（2011）	薛鹤翔（2010）	
吴化斌等（2011）	仝冰（2010）	
李巍和张志超（2011）	杨柳和李力（2011）	

资料来源：张杰平，开放经济 DSGE 模型下我国货币政策规则的选择，《山西财经大学学报》，2012 年（4）：P20。

本书关于货币政策工具调控绩效 DSGE 模型的基本思路如下：基于前文的理论分析，即影子银行的出现降低了货币供给量的可测性和可控性，进而削弱了货币政策数量型调控工具的效力，增加了货币政策传导时滞的不确定性，本书构建基于广义货币供给量 M2 的货币政策数量型工具调控绩效分析模型（模型Ⅰ）和基于广义流动性的货币政策数量型工具调控绩效分析模型（模型Ⅱ），利用参数估计结果和脉冲响应函数评估影子银行出现后货币政策数量型工具调控效果的变化，即对货币政策最终目标（充分就业、物价稳定和经济增长）的影响。[①] 实际上，模型Ⅰ和模型Ⅱ在模型结构和设定上完全相同，只不过前者使用广义货币供给量 M2 代表数量型工具在我国的执行情况，而后者使用影子银行出现后的广义流动性表征数量型工具在我国的执行情况。更进一步地，虽然我国尚未实现完全的利率市场化，不具备利率规则的实施环境，但由于 DSGE 模型本身具备政策模拟的特性，故本书构建了利率市场化背景下基于广义流动性的货币政策价格型工具调控绩效分析模型（模型Ⅲ），模拟了利率市场化以后影子银行的出现对价格型工具的调控绩效和货币政策最终目标的影响，并与模型Ⅱ相比较，得出何种货币政策工具可以更好地对经济变量产生作用，即何种货币政策工具更有效，以及何种货币政策工具能够减少通货膨胀和产出波动，促进经济平稳快速增长的结论。

本书在模型设定上借鉴 DSGE 经典框架 SW（2003），但与 SW（2003）不同的是，SW（2003）采用了扩展的泰勒规则（参见第 5 章（5.36）式），其中包含弹性经济的信息，而数量规则中并未包含这些信息，故为了保证两种货币政策规则的一致性，本书剔除 SW（2003）中扩展的泰勒规则所包含的弹性模型信息，在模型Ⅲ中直接采用常见的简单利率规则形式：

$$\hat{R}_t = \phi_r \hat{R}_{t-1} + (1-\phi_r)(\phi_\pi \hat{\pi}_t + \phi_y \hat{Y}_t) + \eta_t^R \tag{6.1}$$

其中，ϕ_r、ϕ_π 和 ϕ_y 分别表示利率平滑系数、通货膨胀率和产出缺口的系数。其余变量定义与第 5 章相同。

对于模型Ⅰ和模型Ⅱ，本书在 SW（2003）模型的家庭效用函数中加入货币需求的影响，得到货币需求的决定式：

$$\hat{m}_t = \frac{1}{\sigma_m}\left(\hat{\varepsilon}_t^M + \frac{1}{1-h}\sigma_c \hat{C}_t - \frac{h}{1-h}\sigma_c \hat{C}_{t-1} - \beta^2 \hat{R}_t\right) \tag{6.2}$$

中央银行采用数量规则可表示如下：

$$\hat{\mu}_t = \gamma_\mu \hat{\mu}_{t-1} - \gamma_\pi \hat{\pi}_{t+1} - \gamma_y \hat{Y}_t + \eta_t^R \tag{6.3}$$

其中，$\hat{\mu}_t$ 表示货币供给增加量在稳态处的偏离，且 $\hat{\mu}_t = \hat{m}_t + \hat{\pi}_t - \hat{m}_{t-1}$。$\gamma_\mu$、

① 目前，我国货币政策最终目标包括充分就业、物价稳定、经济增长和国际收支平衡。但由于本书的研究基于封闭经济体，故此处不涉及国际收支平衡。

γ_π 和 γ_y 分别表示货币供给量的平滑参数、通货膨胀率和产出缺口的系数。

最终得到本书 DSGE 模型的线性化均衡系统（见表 6－2）。

表 6－2　　DSGE 模型中的线性化方程

消费方程	$\hat{C}_t=\frac{h}{1+h}\hat{C}_{t-1}+\frac{1}{1+h}E_t\hat{C}_{t+1}-\frac{1-h}{(1+h)\sigma_c}(\hat{R}_t-E_t\hat{\pi}_{t+1})+\frac{1-h}{(1+h)\sigma_c}(\hat{\varepsilon}_t^b-E_t\hat{\varepsilon}_{t+1}^b)$
投资方程	$\hat{I}_t=\frac{1}{1+\beta}\hat{I}_{t-1}+\frac{\beta}{1+\beta}E_t\hat{I}_{t+1}+\frac{\varphi}{1+\beta}\hat{Q}_t-\frac{\beta E_t\hat{\varepsilon}_{t+1}^I-\hat{\varepsilon}_t^I}{1+\beta}$
资本存量方程	$\hat{Q}_t=-(\hat{R}_t-\hat{\pi}_{t+1})+\frac{1-\tau}{1-\tau+\bar{r}^k}E_t\hat{Q}_{t+1}+\frac{\bar{r}^k}{1-\tau+\bar{r}^k}E_t\bar{r}_{t+1}^k+\eta_t^Q$
资本积累方程	$\hat{K}_t=(1-\tau)\hat{K}_{t-1}+\tau\hat{I}_{t-1}$
通货膨胀方程	$\hat{\pi}_t=\frac{\beta}{1+\beta\gamma_p}E_t\hat{\pi}_{t+1}+\frac{\gamma_p}{1+\beta\gamma_p}\hat{\pi}_{t-1}+\frac{1}{1+\beta\gamma_p}\frac{(1-\beta\xi_p)(1-\xi_p)}{\xi_p}[\alpha\hat{R}_t^k+(1-\alpha)\hat{w}_t-\hat{\varepsilon}_t^a+\eta_t^p]$
实际工资方程	$\hat{w}_t=\frac{\beta}{1+\beta}E_t\hat{w}_{t+1}+\frac{1}{1+\beta}\hat{w}_{t-1}+\frac{\beta}{1+\beta}E_t\hat{\pi}_{t+1}-\frac{1+\beta\gamma_w}{1+\beta}\hat{\pi}_t+\frac{\gamma_w}{1+\beta}\hat{\pi}_{t-1}-\frac{1}{1+\beta}\frac{(1-\beta\xi_w)(1-\xi_w)}{\left(1+\frac{(1+\lambda_w)\sigma_L}{\lambda_w}\right)\xi_w}\times\left[\hat{w}_t-\sigma_L\hat{L}_t-\frac{\sigma_L}{1-h}(\hat{C}_t-h\hat{C}_{t-1})-\hat{\varepsilon}_t^L-\eta_t^w\right]$
劳动力需求方程	$\hat{L}_t=-\hat{w}_t+(1+\psi)\hat{r}_t^k+\hat{K}_{t-1}$
商品市场均衡条件	$\hat{Y}_t=(1-\tau k_y-g_y)\hat{C}_t+\tau k_y\hat{I}_t+g_y\varepsilon_t^G=\phi\hat{\varepsilon}_t^a+\phi\alpha\hat{K}_{t-1}+\phi\alpha\psi\hat{r}_t^k+\phi(1-\alpha)\hat{L}_t$
货币需求方程（模型Ⅰ和模型Ⅱ）	$\hat{m}_t=\frac{1}{\sigma_m}\left(\hat{\varepsilon}_t^M+\frac{1}{1-h}\sigma_c\hat{C}_t-\frac{h}{1-h}\sigma_c\hat{C}_{t-1}-\beta^2\hat{R}_t\right)$

续表

数量规则方程（模型Ⅰ和模型Ⅱ）	$\hat{\mu}_t = \gamma_\mu \hat{\mu}_{t-1} - \gamma_\pi \hat{\pi}_{t+1} - \gamma_y \hat{Y}_t + \eta_t^R$
利率规则方程（模型Ⅲ）	$\hat{R}_t = \phi_r \hat{R}_{t-1} + (1-\phi_r)(\phi_\pi \hat{\pi}_t + \phi_y \hat{Y}_t) + \eta_t^R$

6.2 数据处理

本书选择的样本数据是1996第一季度至2013年第三季度关键宏观经济变量的季度数据，其中，产出（Y）由国内生产总值表示，消费（C）由社会消费品零售总额表示，投资（I）由固定资产投资完成额表示，工资（W）由全部单位从业人员平均劳动报酬表示，就业人数（E）由全部城镇单位从业人员数表示，通货膨胀率（π）将居民消费价格指数（CPI）以1996年第一季度作为基期进行定基处理后得到，模型Ⅰ和模型Ⅱ中的货币供给量（M）分别由广义货币供给量M2和第3章测算出的广义流动性表示，模型Ⅲ中的利率（R）由第4章测算出的均衡利率表示。除广义流动性和均衡利率由本书测算得到，其他原始数据全部来自于中经网宏观数据库。

原始数据中除产出、工资和就业人数是季度数据外，其他数据都是月度数据，对月度数据进行加总或平均化处理得到季度数据，对于个别缺失的月度数据在处理过程中根据上下年同期水平进行插值补充。除通货膨胀率、就业人数和利率外，对其余所有的数据进行价格指数平减、季节调整、取对数和HP滤波处理。对就业人数进行季节调整、取对数和HP滤波处理。对通货膨胀率和利率则只做取对数和HP滤波的处理，得到最终模型中使用的周期波动数据。价格指数平减通过名义时间序列除以CPI定基比序列完成，季节调整采用Census X-12季节调整方法。

6.3 参数估计

6.3.1 模型参数的校准

由于受到数据可得性的限制，DSGE 模型中的参数无法全部通过贝叶斯估计得到，所以部分结构参数需要根据已有文献的研究结果进行设定，或根据其他数据校准得到。代表性家庭效用函数中随机贴现因子 β 的取值一般约等于 1/R，国内外大多数文献中 β 的取值范围在 0.96 ~ 0.99 之间（参见袁申国，2011；王晓芳和毛彦军，2012b；Smets 和 Wouters，2003、2007；Ireland，2003）。本书参照 Smets 和 Wouters（2003），将随机贴现因子 β 校准为 0.99。根据我国全部从业人员劳动报酬占 GDP 的比重，将资本产出弹性 α 校准为 0.4。根据 Smets 和 Wouters（2003）以及 CEE（2003）等，本书将资本折旧率 τ 校准为 0.025，这意味着年折旧率为 10%。另外，本书将稳态政府购买/产出比 g_y 校准为 0.14。

6.3.2 模型参数的贝叶斯估计

本书采用贝叶斯方法估计模型Ⅰ至模型Ⅲ中的其余结构参数。基本步骤如下：首先，贝叶斯估计假定所有参数均为随机变量，因此需要设定这些参数的先验分布（prior distribution）。本书参考 Smets 和 Wouters（2003）中的参数设定，并结合实际数据，在表 6－3 ~ 表 6－5 中的第 3 列给出了模型Ⅰ至模型Ⅲ中参数的先验分布。其次，基于实际数据获得所有参数的后验分布（posterior distribution），具体方法是求解 DSGE 模型的线性解并用状态空间的形式表示，进而通过卡尔曼滤波（Kalman Filter）从状态空间方程中得到模型结构参数的似然函数，将先验分布与似然函数相结合得到后验分布密度函数。本书利用 Matlab 中的 Dynare 工具箱，得到模型Ⅰ至模型Ⅲ中其余结构参数的后验分布，如表 6－3 ~ 表 6－5 中的第 4 列和第 5 列所示。

表 6－3　　模型 I 主要参数估计结果

参数	含　　义	先验分布	后验均值	95% 置信区间
rhoa	技术冲击平滑系数	B（0.850，0.100）	0.6716	[0.6000，0.7475]
rhom	货币需求冲击平滑系数	B（0.850，0.100）	0.7143	[0.6275，0.8005]
rhob	偏好冲击平滑系数	B（0.850，0.100）	0.6024	[0.5568，0.6540]
rhog	政府支出冲击平滑系数	B（0.850，0.100）	0.7677	[0.6495，0.8956]
rhol	劳动供给冲击平滑系数	B（0.850，0.100）	0.5350	[0.5072，0.5622]
rhoi	投资冲击平滑系数	B（0.850，0.100）	0.7739	[0.6773，0.8638]
dd_S	投资调整成本二阶导倒数	N（4.000，1.500）	4.3676	[3.4844，5.4506]
sigmac	消费的效用弹性	N（1.000，0.375）	1.9697	[1.7555，2.1880]
h	消费习惯	B（0.700，0.100）	0.7609	[0.7269，0.7970]
sigmaL	劳动供给的效用弹性	N（2.000，0.750）	1.9257	[1.4593，2.4300]
sigmam	货币需求的效用弹性	N（0.500，0.150）	0.7988	[0.7282，0.8558]
phi	固定成本	N（1.450，0.250）	1.2566	[1.0845，1.4558]
csie	卡尔沃就业黏性程度	B（0.500，0.150）	0.6689	[0.6183，0.7130]
dd_z	资本利用率调整成本	N（0.200，0.075）	0.1740	[0.1292，0.2185]
csiw	卡尔沃工资黏性程度	B（0.750，0.050）	0.7385	[0.7045，0.7728]
csip	卡尔沃价格黏性程度	B（0.750，0.050）	0.7527	[0.7236，0.7795]
gammaw	工资指数化程度	B（0.750，0.150）	0.9254	[0.8602，0.9874]

续表

参数	含　义	先验分布	后验均值	95% 置信区间
gammap	价格指数化程度	B（0.750，0.150）	0.8761	[0.8041，0.9594]
gammapi	货币政策中通涨的系数	N（1.000，0.100）	0.9385	[0.8814，1.0022]
gammamu	货币政策中货币供给增加量的系数	B（0.800，0.100）	0.6984	[0.6380，0.7736]
gammay	货币政策中产出的系数	N（0.500，0.050）	0.4882	[0.4621，0.5265]
ea	技术冲击随机扰动项的标准差	IG（0.400，2.000）	0.0807	[0.0625，0.0975]
eb	偏好冲击随机扰动项的标准差	IG（0.200，2.000）	0.2010	[0.1692，0.2339]
eG	政府支出冲击随机扰动项的标准差	IG（0.300，2.000）	0.0793	[0.0677，0.0909]
eL	劳动供给冲击随机扰动项的标准差	IG（1.000，2.000）	0.4044	[0.2400，0.5628]
ei	投资冲击随机扰动项的标准差	IG（0.100，2.000）	0.0282	[0.0196，0.0359]
etmu	货币供给冲击随机扰动项的标准差	IG（0.100，2.000）	0.0274	[0.0233，0.0313]
etQ	股权溢价冲击随机扰动项的标准差	IG（0.400，2.000）	1.6619	[1.3675，1.9548]
etP	价格加成冲击随机扰动项的标准差	IG（0.150，2.000）	0.0195	[0.0177，0.0213]
etW	工资加成冲击随机扰动项的标准差	IG（0.250，2.000）	0.0309	[0.0296，0.0325]
em	货币需求冲击随机扰动项的标准差	IG（0.500，2.000）	0.3121	[0.2623，0.3679]

数据说明：B 表示 Beta 分布，N 表示正态分布，IG 表示逆 Gamma 分布。下同。

表6－4　　模型Ⅱ主要参数估计结果

参数	含　　义	先验分布	后验均值	95%置信区间
rhoa	技术冲击平滑系数	B（0.850，0.100）	0.5641	[0.5115，0.6139]
rhom	货币需求冲击平滑系数	B（0.850，0.100）	0.6025	[0.5594，0.6490]
rhob	偏好冲击平滑系数	B（0.850，0.100）	0.6489	[0.6211，0.6733]
rhog	政府支出冲击平滑系数	B（0.850，0.100）	0.8358	[0.7736，0.8818]
rhol	劳动供给冲击平滑系数	B（0.850，0.100）	0.7073	[0.6224，0.7842]
rhoi	投资冲击平滑系数	B（0.850，0.100）	0.7848	[0.7242，0.8409]
dd_S	投资调整成本二阶导倒数	N（4.000，1.500）	3.1700	[2.0728，4.1278]
sigmac	消费的效用弹性	N（1.000，0.375）	1.8638	[1.5262，2.1676]
h	消费习惯	B（0.700，0.100）	0.7692	[0.7087，0.8285]
sigmaL	劳动供给的效用弹性	N（2.000，0.750）	3.2375	[2.7240，3.7320]
sigmam	货币需求的效用弹性	N（0.500，0.150）	0.6229	[0.4454，0.8232]
phi	固定成本	N（1.450，0.250）	1.5263	[1.4299，1.6244]
csie	卡尔沃就业黏性程度	B（0.500，0.150）	0.6597	[0.6153，0.6973]
dd_z	资本利用率调整成本	N（0.200，0.075）	0.0894	[0.0165，0.1581]
csiw	卡尔沃工资黏性程度	B（0.750，0.050）	0.7596	[0.7341，0.7879]
csip	卡尔沃价格黏性程度	B（0.750，0.050）	0.7754	[0.7377，0.8168]
gammaw	工资指数化程度	B（0.750，0.150）	0.8294	[0.6985，0.9739]

续表

参数	含　　义	先验分布	后验均值	95% 置信区间
gammap	价格指数化程度	B（0.750，0.150）	0.3169	[0.1859，0.4786]
gammapi	货币政策中通涨的系数	N（1.000，0.100）	1.1062	[1.0284，1.1874]
gammamu	货币政策中货币供给增加量的系数	B（0.800，0.100）	0.5517	[0.4242，0.6695]
gammay	货币政策中产出的系数	N（0.500，0.050）	0.4747	[0.4215，0.5211]
ea	技术冲击随机扰动项的标准差	IG（0.400，2.000）	0.0788	[0.0619，0.0964]
eb	偏好冲击随机扰动项的标准差	IG（0.200，2.000）	0.1841	[0.1587，0.2131]
eG	政府支出冲击随机扰动项的标准差	IG（0.300，2.000）	0.0817	[0.0713，0.0943]
eL	劳动供给冲击随机扰动项的标准差	IG（1.000，2.000）	0.4383	[0.2269，0.6588]
ei	投资冲击随机扰动项的标准差	IG（0.100，2.000）	0.0286	[0.0201，0.0375]
etmu	货币供给冲击随机扰动项的标准差	IG（0.100，2.000）	0.0238	[0.0198，0.0275]
etQ	股权溢价冲击随机扰动项的标准差	IG（0.400，2.000）	1.5726	[1.3197，1.8205]
etP	价格加成冲击随机扰动项的标准差	IG（0.150，2.000）	0.0205	[0.0177，0.0228]
etW	工资加成冲击随机扰动项的标准差	IG（0.250，2.000）	0.0308	[0.0296，0.0324]
em	货币需求冲击随机扰动项的标准差	IG（0.500，2.000）	0.2990	[0.2435，0.3494]

表 6-5　模型Ⅲ主要参数估计结果

参数	含　　义	先验分布	后验均值	95% 置信区间
rhoa	技术冲击平滑系数	B（0. 850，0. 100）	0. 8597	[0. 8135，0. 9050]
rhob	偏好冲击平滑系数	B（0. 850，0. 100）	0. 7993	[0. 7546，0. 8520]
rhog	政府支出冲击平滑系数	B（0. 850，0. 100）	0. 7438	[0. 6551，0. 8335]
rhol	劳动供给冲击平滑系数	B（0. 850，0. 100）	0. 9055	[0. 8658，0. 9506]
rhoi	投资冲击平滑系数	B（0. 850，0. 100）	0. 7896	[0. 7557，0. 8085]
dd_S	投资调整成本二阶导倒数	N（4. 000，1. 500）	5. 0204	[4. 1392，5. 7343]
sigmac	消费的效用弹性	N（1. 000，0. 375）	1. 1452	[0. 9960，1. 2765]
h	消费习惯	B（0. 700，0. 100）	0. 8542	[0. 8298，0. 8809]
sigmaL	劳动供给的效用弹性	N（2. 000，0. 750）	2. 5043	[2. 1224，2. 8058]
phi	固定成本	N（1. 450，0. 250）	1. 6809	[1. 5298，1. 8504]
csie	卡尔沃就业黏性程度	B（0. 500，0. 150）	0. 6429	[0. 5961，0. 7045]
dd_z	资本利用率调整成本	N（0. 200，0. 075）	0. 1429	[0. 0899，0. 1931]
csiw	卡尔沃工资黏性程度	B（0. 750，0. 050）	0. 7674	[0. 7495，0. 7835]
csip	卡尔沃价格黏性程度	B（0. 750，0. 050）	0. 7752	[0. 7552，0. 7963]
gammaw	工资指数化程度	B（0. 750，0. 150）	0. 8699	[0. 8049，0. 9236]
gammap	价格指数化程度	B（0. 750，0. 150）	0. 8401	[0. 8072，0. 8791]
rpi	货币政策中通涨的系数	N（1. 700，0. 100）	1. 6831	[1. 5982，1. 7735]

续表

参数	含　义	先验分布	后验均值	95% 置信区间
rho	货币政策中利率滞后项的系数	B（0. 800，0. 100）	0. 6827	[0. 6410，0. 7257]
ry	货币政策中产出缺口的系数	N（0. 125，0. 050）	0. 0932	[0. 0656，0. 1171]
ea	技术冲击随机扰动项的标准差	IG（0. 400，2. 000）	0. 0706	[0. 0542，0. 0873]
eb	偏好冲击随机扰动项的标准差	IG（0. 200，2. 000）	0. 0505	[0. 0397，0. 0600]
eG	政府支出冲击随机扰动项的标准差	IG（0. 300，2. 000）	0. 0787	[0. 0680，0. 0891]
eL	劳动供给冲击随机扰动项的标准差	IG（1. 000，2. 000）	0. 3231	[0. 2071，0. 4308]
ei	投资冲击随机扰动项的标准差	IG（0. 100，2. 000）	0. 0215	[0. 0161，0. 0267]
etR	利率冲击随机扰动项的标准差	IG（0. 100，2. 000）	0. 0716	[0. 0619，0. 0819]
etQ	股权溢价冲击随机扰动项的标准差	IG（0. 400，2. 000）	1. 5162	[1. 2744，1. 7674]
etP	价格加成冲击随机扰动项的标准差	IG（0. 150，2. 000）	0. 0195	[0. 0177，0. 0214]
etW	工资加成冲击随机扰动项的标准差	IG（0. 250，2. 000）	0. 0309	[0. 0296，0. 0325]

6.4 脉冲响应

本节利用上文估计出的模型Ⅰ至模型Ⅲ，运用脉冲响应分析进一步研究模型的动态特征，即考察三个模型中产出、就业和通货膨胀等宏观经济变量对货币政策调整的冲击效应，以及非货币政策冲击（技术冲击、偏好冲击、劳动供给冲击、投资冲击和政府支出冲击）下的动态反应路径。进而通过模型Ⅰ和模型Ⅱ的脉冲响应结果分析影子银行出现后货币政策数量型工具调控绩效的变化，通过模型Ⅱ和模型Ⅲ的脉冲响应结果对货币政策数量型工具和价格型工具的调控绩效进行比较分析，参见图 6 - 1 ~ 图 6 - 6。图 6 - 1 ~ 图 6 - 6 中横轴表示变量对冲击做出反应的季度时间，纵轴表示变量受到冲击后偏离稳态的百分比。

货币政策冲击的脉冲响应结果参见图 6 - 1。在模型Ⅰ中，产出受到正向货币政策冲击后，在第 3 季度达到最高点，增加了约 1.2 个百分点，然后缓慢下降，在第 11 季度下降至最低点，约为 -0.45 个百分点，最后在第 23 季度收敛于稳态水平。就业受到正向货币政策冲击后立即上升，在第 3 季度达到最高点，上升了约 0.48 个百分点，然后缓慢下降，在第 11 季度下降至最低点，约为 -0.19 个百分点，最后在第 24 季度收敛于稳态水平。通货膨胀受到正向货币政策冲击后立即上升，在第 4 季度达到最高点，上升了约 0.13 个百分点，然后缓慢下降，在第 11 季度下降至最低点，约为 -0.03 个百分点，最后在第 24 季度收敛于稳态水平。与模型Ⅰ相比，模型Ⅱ中产出、就业和通货膨胀受到正向货币政策冲击后的反应幅度较小。在模型Ⅱ中，产出受到正向货币政策冲击后，在第 3 季度达到最高点，增加了约 0.8 个百分点，然后缓慢下降，在第 12 季度下降至最低点，约为 -0.2 个百分点，最后在第 28 季度基本收敛于稳态水平。就业受到正向货币政策冲击后立即上升，在第 3 季度达到最高点，上升了约 0.36 个百分点，然后缓慢下降，在第 12 季度下降至最低点，约为 -1 个百分点，最后在第 21 季度收敛于稳态水平。通货膨胀受到正向货币政策冲击后立即上升，在第 3 季度达到最高点，上升了约 0.068 个百分点，然后缓慢下降，在第 11 季度下降至最低点，约为 -0.014 个百分点，最后在第 19 季度收敛于稳态水平。相比于模型Ⅱ的数量型工具调控而言，在模型Ⅲ的价格型工具调控中，产出、就业和通货膨胀受到正向货币政策冲击（利率提高）后并未出现前两个模型中的多轮调整，产出在第 3 季度下降到最低值约 -4.3 个百分点，就业在第 4 季度下降至最低值 -1.65 个百分点，通货膨胀在第 4 季度下降至最低值约 -0.32 个百分点。且产出、就业和通货膨胀分别在第 22 季度、第 21 季度和第 20 季度回归稳态水平。

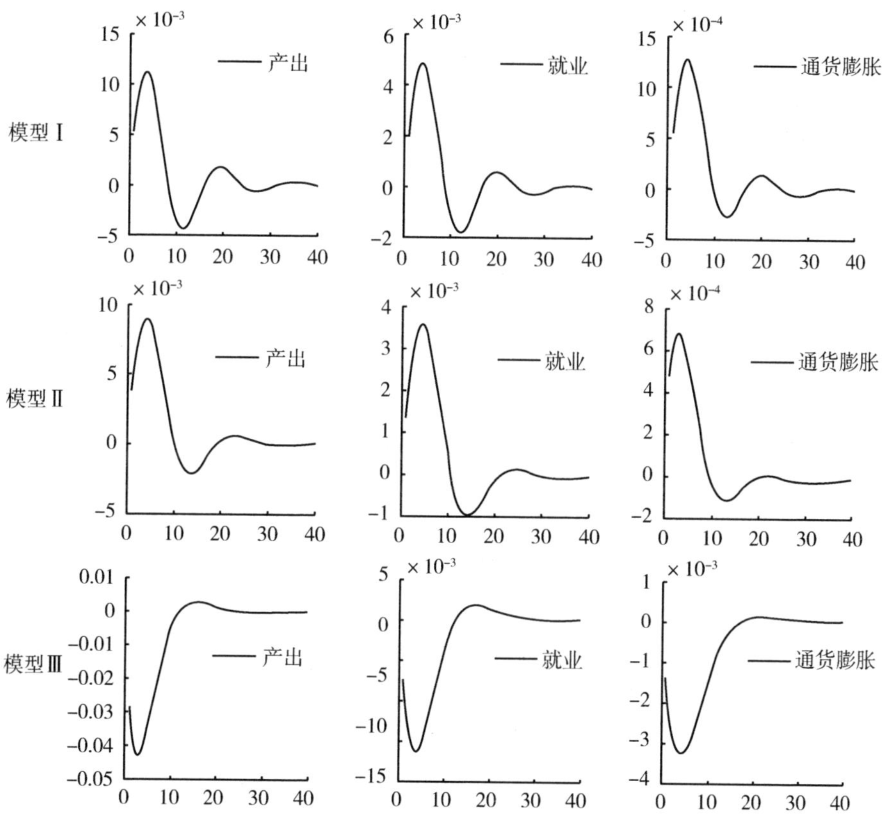

图 6-1　货币政策冲击对重要经济变量的影响

技术冲击的脉冲响应结果如图 6-2 所示。总体来看，在模型Ⅰ至模型Ⅲ中，正向技术冲击均导致产出提高，而就业表现出短期内下降后上升的特点，通货膨胀则出现了不同程度的下降。具体来看，在模型Ⅰ中，产出受到正向技术冲击后，经过 5 个季度达到最高点，增加了约 3.6 个百分点，然后缓慢下降，在约 23 个季度后回归稳态水平。就业受到正向技术冲击后立即下降，在第 2 季度达到最低点，下降了约 1.25 个百分点，继而逐渐上升，在约第 24 季度回归稳态水平。通货膨胀受到正向技术冲击后立即下降，在第 2 季度达到最低点，下降了约 1.55 个百分点，此后逐渐回升，约在第 20 季度回归稳态水平。在模型Ⅱ中，考虑到影子银行的影响后，正向技术冲击使得产出和通货膨胀的波动幅度变小，产出在第 5 季度达到最大值，增加了约 2 个百分点，通货膨胀在第 2 季度达到最低点，约为 -1.18 个百分点。而就业对正向技术冲击的反应比模型Ⅰ大，在第 9 季度达到最低点，约为 -1.6 个百分点。就回到稳态水

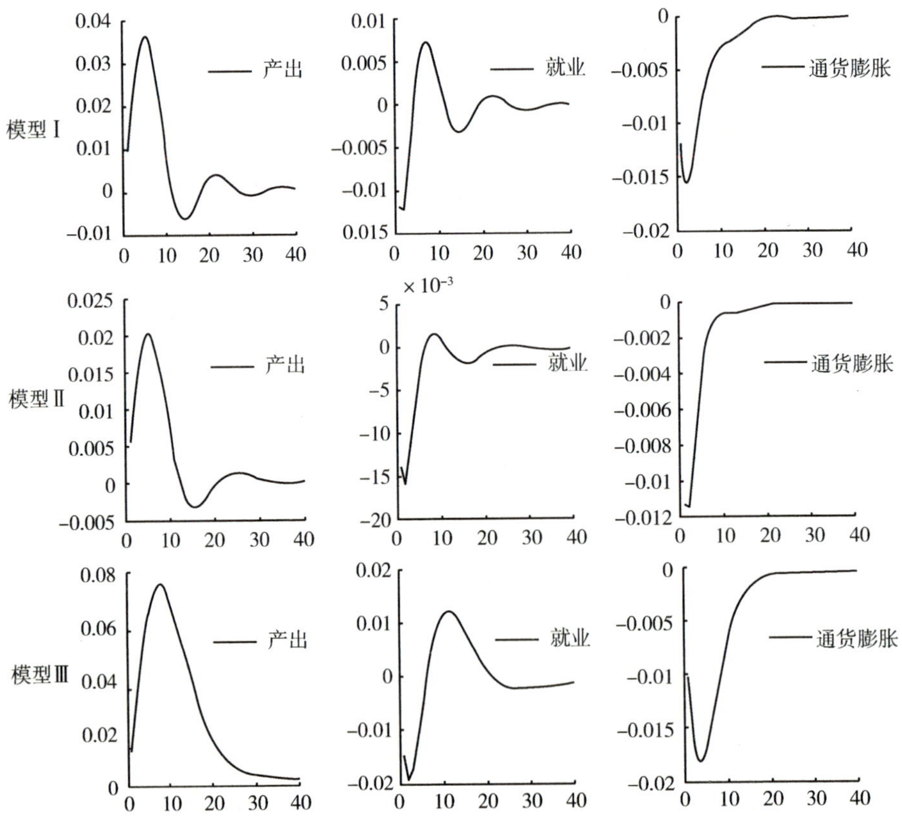

图 6-2　技术冲击对重要经济变量的影响

平的时间而言，模型Ⅱ中产出回归稳态的时间比模型Ⅰ晚了 2 个季度，通货膨胀回归稳态的时间比模型Ⅰ大约早了 5 个季度，就业在两个模型中的回归稳态时间大致相同。相比于模型Ⅱ的数量型工具调控而言，在模型Ⅲ的价格型工具调控中，产出、就业和通货膨胀在正向技术冲击后都出现了更大幅度的波动，产出在第 8 季度上升到 7.8 个百分点的最高水平，就业在第 2 季度下降至 -1.8 个百分点的最低水平，通货膨胀在第 4 季度下降至 -1.76 个百分点的最低水平。而且，在模型Ⅲ的价格型工具调控下，产出直到第 40 季度仍偏离稳态约 0.2 个百分点，而在模型Ⅱ的数量型工具调控下，产出在第 28 季度就已基本回归了稳态水平。

偏好冲击的脉冲响应结果如图 6-3 所示。总体来看，在模型Ⅰ至模型Ⅲ中，正向偏好冲击导致产出出现下降、先下降后上升和先上升后下降三种反应，就业出现下降和先下降后上升两种反应，而通货膨胀则都呈现上升趋势，直到第 40 季度仍未收敛至稳态水平。具体来看，在模型Ⅰ中，产出受到正向偏好冲击后，在第 2 季度下降至 -2.8 个百分点的最低点，而后缓慢上升，在第 9 季度接近稳态水平后又呈现下降趋势，在第 16 季度出现 -1 个百分点的次低点，最终在第 23 季度基本回归稳态水平。就业受到正向偏好冲击后立即下降，在第 3 季度达到最低点，下降了约 1.25 个百分点，继而逐渐回升，在第 22 季度回归稳态水平。通货膨胀受到正向偏好冲击后立即上升，在第 8 季度达到最高点，上升了约 0.6 个百分点，此后逐渐回落，但一直未能收敛至稳态水平，直到第 40 季度仍偏离稳态约 0.05 个百分点。与模型Ⅰ中产出在正向偏好冲击后一直呈现对稳态的负偏离不同，在模型Ⅱ中，正向偏好冲击使得产出立即下降，在第 3 季度下降至约 -4.3 个百分点的最低点，而后逐渐回升，在第 11 季度高出稳态值 0.9 个百分点，并从第 29 季度开始基本回归至稳态水平。模型Ⅱ中就业对正向偏好冲击的反应也与模型Ⅰ不同，在模型Ⅱ中就业在冲击后立即下降，并在第 3 季度达到最低点，约为 -1.6个百分点，而后逐渐回升，在第 11 季度高出稳态值 0.2 个百分点，自第 28 季度起基本处于稳态水平。模型Ⅱ中通货膨胀对正向偏好冲击的反应模式与模型Ⅰ大致相同，只不过最高点比模型Ⅰ低了约 0.1 个百分点，但达到最高点的时间比模型Ⅰ提前2个季度。模型Ⅲ中通货膨胀对正向偏好冲击的反应与模型Ⅱ大致相同，但产出和就业的反应却存在较大差异。在模型Ⅲ中，产出在正向偏好冲击后立即上升，在第2季度上升至0.7个百分点的最低点，而后逐渐回落至稳态水平之下，在第12季度下降至-1.8个百分点的最低点，直到第40季度仍未收敛至稳态水平。就业在正向偏好冲击后下降，在第11季度下降到-1.1个百分点的最低点，在第31季度基本回归稳态水平。

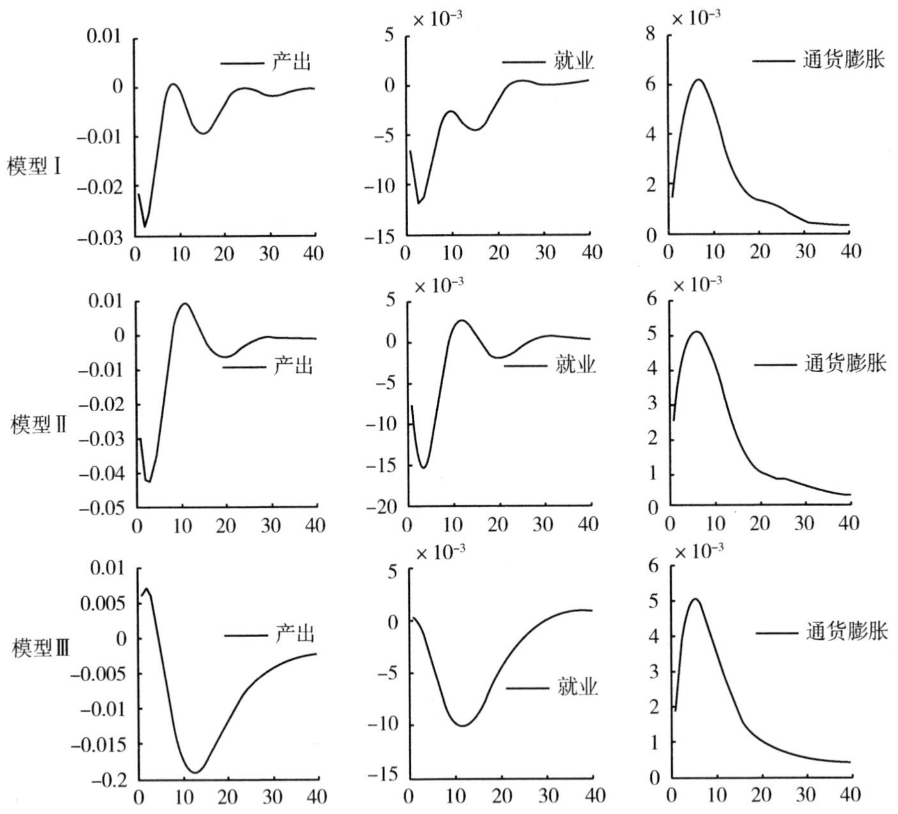

图6-3　偏好冲击对重要经济变量的影响

投资冲击的脉冲响应结果如图6-4所示。总体来看，在模型Ⅰ至模型Ⅲ中，正向投资冲击导致产出和就业提高，而通货膨胀在模型Ⅰ和模型Ⅱ中下降，在模型Ⅲ中先上升后下降。具体来看，在模型Ⅰ中，产出受到正向投资冲击后，经过 3 个季度达到最高点，增加了约 6 个百分点，然后缓慢下降，在接近第 40 季度时基本回归稳态水平。就业受到正向投资冲击后立即上升，在第 3 季度达到最高点，上升了约 2.8 个百分点，继而逐渐下降，在第 26 季度后基本回归稳态水平。通货膨胀受到正向投资冲击后立即下降，在第 9 季度达到最低点，下降了约 1.45 个百分点，此后逐渐回升，但到第 40 季度仍未回到稳态水平。在模型Ⅱ中，产出和就业受到正向投资冲击后的上升幅度大于模型Ⅰ，产出在第 3 季度上升到最大值约 8 个百分点，就业在第 4 季度上升至最大值 3.2 个百分点，但通货膨胀的下降幅度小于模型Ⅰ，其在第 8 季度下降至最小值 -0.96 个百分点。就回到稳态水平的时间而言，模型Ⅱ中产出和就业的回归时间基本在第 30 季度，而通货膨胀到第 40 季度仍未回到稳态水平。在模型Ⅲ中，产出和就业的上升

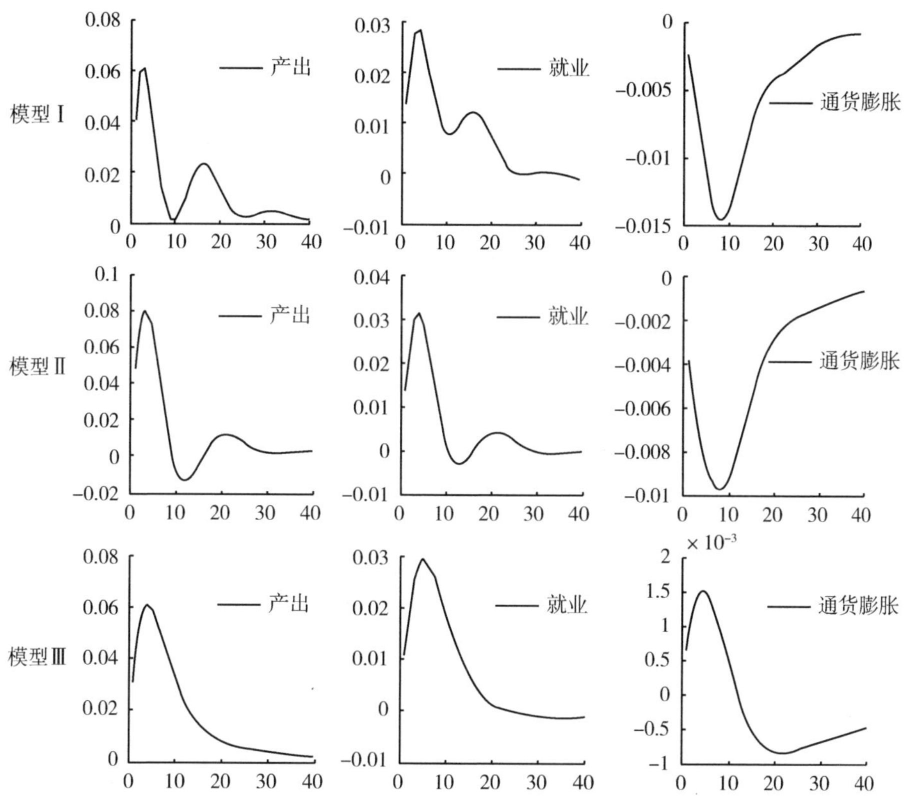

图 6-4　投资冲击对重要经济变量的影响

幅度小于模型Ⅱ，产出在第4季度上升到最大值约6个百分点，就业在第5季度上升至最大值2.9个百分点，且产出到第40季度仍未回到稳态水平，而就业的回归时间比模型Ⅱ提前了3个季度。在模型Ⅲ中通货膨胀呈现出先上升后下降的反应，通货膨胀在第4季度上升至最高值0.15个百分点，然后逐渐下降，在第20季度下降至最低点-0.8个百分点，且到第40季度仍未回到稳态水平。

劳动供给冲击的脉冲响应结果如图6-5所示。总体来看，在模型Ⅰ至模型Ⅲ中，正向劳动供给冲击导致产出和就业不同程度地提高，而通货膨胀出现不同程度的下降。具体来看，在模型Ⅰ中，产出受到正向劳动供给冲击后，经过7个季度达到最高点，增加了约1.25个百分点，然后缓慢下降，在接近第40季度时基本回归稳态水平。就业受到正向劳动供给冲击后立即上升，在第6季度达到最高点，上升了约0.9个百分点，并在第28季

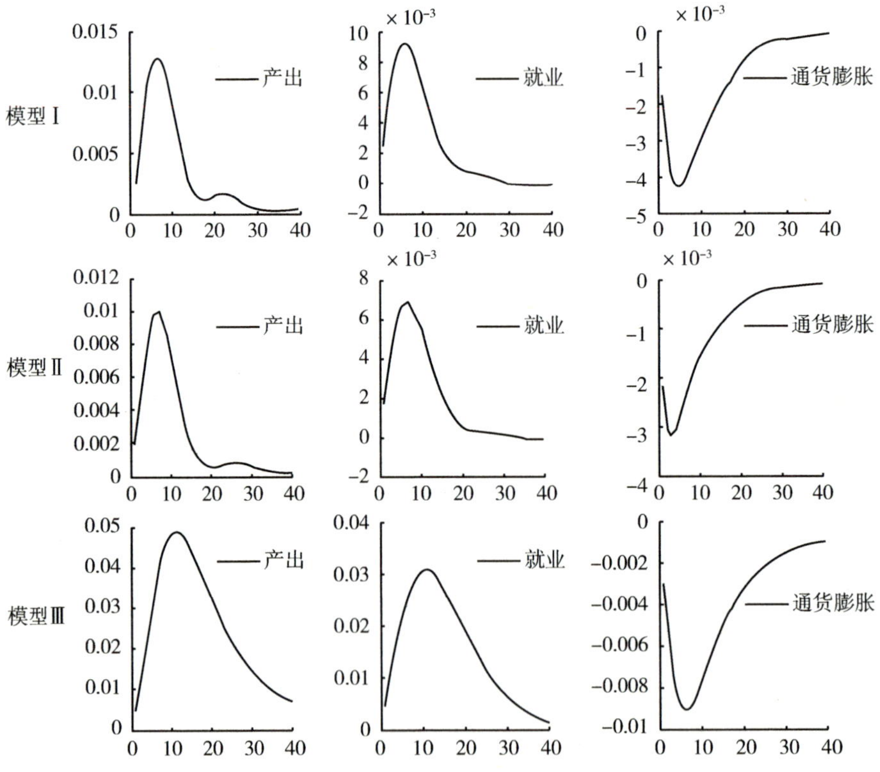

图6-5 劳动供给冲击对重要经济变量的影响

度后基本回归稳态水平。通货膨胀受到正向劳动供给冲击后立即下降，在第5季度达到最低点，下降了约0.42个百分点，并在接近第40季度时基本回归稳态水平。在模型Ⅱ中，产出、就业和通货膨胀受到正向劳动供给冲击后的反应幅度小于模型Ⅰ，产出在第8季度上升到最大值约0.98个百分点，就业在第7季度上升至最大值0.68个百分点，通货膨胀在第3季度下降至最小值约-0.32个百分点。与模型Ⅰ相同的是，模型Ⅱ中的产出和通货膨胀回归稳态的时间也接近第40季度，但就业回归稳态的时间比模型Ⅰ晚了两个季度。对于模型Ⅲ而言，产出、就业和通货膨胀受到正向劳动供给冲击后的反应幅度均大于模型Ⅱ，产出在第11季度上升到最大值约4.9个百分点，就业在第10季度上升至最大值3个百分点，通货膨胀在第7季度下降至最小值0.9个百分点。而且，产出、就业和通货膨胀在第40季度均未回到稳态水平。

政府支出冲击的脉冲响应结果如图6-6所示。在模型Ⅰ中，产出受到正向政府支出冲击后，在第1季度达到最高点，增加了约6.5个百分点，然后缓慢下降，在第6季度下降至最低点，约为-2.3个百分点，最后在第25季度收敛于稳态水平。就业受到正向政府支出冲击后立即上升，在第1季度达到最高点，上升了约0.85个百分点，然后缓慢下降，在第7季度下降至最低点，约为-0.74个百分点，最后在第29季度收敛于稳态水平。通货膨胀受到正向政府支出冲击后立即下降，在第4季度达到最低点，下降了约0.33个百分点，并在第40季度仍未回归稳态水平。在模型Ⅱ中，产出、就业受到正向政府支出冲击后的反应幅度比模型Ⅰ略大，而通货膨胀的反应幅度略小于模型Ⅰ。在模型Ⅱ中，产出受到正向政府支出冲击后，在第1季度达到最高点，增加了约6.8个百分点，然后缓慢下降，在第8季度下降至最低点，约为-2.2个百分点，最后在第14季度基本收敛于稳态水平。就业受到正向政府支出冲击后立即上升，在第2季度达到最高点，上升了约0.95个百分点，然后缓慢下降，在第9季度下降至最低点，约为-0.7个百分点，最后在第27季度收敛于稳态水平。通货膨胀受到正向政府支出冲击后立即下降，在第4季度达到最低点，下降了约0.18个百分点，并在第40季度仍未回归稳态水平。对于模型Ⅲ而言，产出、就业和通货膨胀受到正向政府支出冲击后并未出现前两个模型中的多轮调整，产出在第1季度上升到最大值约7.3个百分点，就业在第2季度上升至最大值1.6个百分点，通货膨胀在第4季度上升至最大值0.1个百分点。且产出和就业分别在第9季度和第11季度回归稳态水平，通货膨胀自第4季度开始逐渐下降，但直到第40季度仍未回归稳态水平。

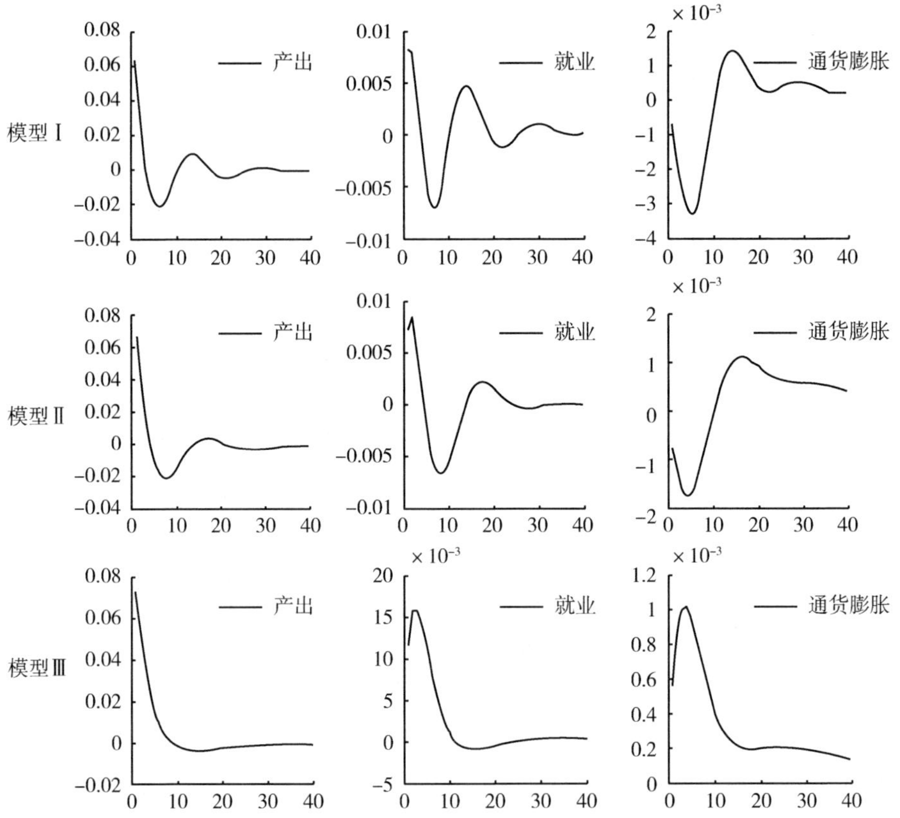

图6-6　政府支出冲击对重要经济变量的影响

综上所述，货币政策冲击及其他非货币政策冲击的效应实际上包括两个方面，即影响程度和作用时间。其中，冲击的影响程度是指各种冲击对产出、就业和通货膨胀等宏观经济变量的波动产生的最大影响，也即各宏观经济变量偏离稳态的最大幅度。冲击的作用时间是指在从各种冲击对宏观经济变量产生影响算起，到该影响达到最大程度的时间，也即冲击的传导时滞（或反应时滞）。模型Ⅰ至模型Ⅲ中，货币政策冲击和其他非货币政策冲击对产出、就业和通货膨胀等宏观经济变量的影响程度和作用时间如表 6－3 所示。就货币政策冲击而言，中央银行往往根据某一时期的宏观经济运行状态调整货币政策，这意味着如果货币政策冲击的作用时间过长，有可能降低货币政策对宏观经济调控的影响程度，削弱货币政策运行效力，从而与中央银行的意愿产生背离。因此，对于货币政策冲击而言，合意的货币政策调控工具往往能够在最短的时间内最大限度地发挥货币政策的政策效应。对比表 6－3 中模型Ⅰ和模型Ⅱ的数据可知，模型Ⅱ中货币政策冲击对产出、就业和通货膨胀的影响程度均低于模型Ⅰ，模型Ⅰ和模型Ⅱ中货币政策冲击的反应时滞大致相同。对于其他五种非货币政策冲击，除偏好冲击以外，模型Ⅱ中其余四种冲击对产出、就业和通货膨胀的影响程度基本上都小于模型Ⅰ。模型Ⅱ中五种非货币政策冲击的反应时滞与模型Ⅰ大致相同，或略长于模型Ⅰ。由此可知，影子银行的出现降低了我国货币政策数量型工具的调控效力，这一结论与理论分析相一致。对比表 6－3 中模型Ⅱ和模型Ⅲ的数据可知，模型Ⅲ中货币政策冲击对产出、就业和通货膨胀的影响程度均大于模型Ⅱ，模型Ⅲ中货币政策冲击对就业和通货膨胀的反应时滞比模型Ⅱ长一个季度，但货币政策冲击对产出的反应时滞在两个模型中是相同的。而且，由图 6－1 可知，在货币政策数量型工具的调控下，产出、就业和通货膨胀对货币政策冲击的动态响应反复波动，需要经过多轮调整后才能回归稳态水平，而在价格型工具的调控下，上述宏观经济变量能够对货币政策冲击迅速反应并平滑地收敛于稳态水平。对于其他五种非货币政策冲击，除偏好冲击以外，模型Ⅲ中其余四种冲击对产出、就业和通货膨胀的影响程度均大于模型Ⅱ。由此可知，在利率市场化以及影子银行出现导致金融“脱媒”的背景下，我国货币政策价格型工具的调控效力优于数量型工具。

表 6－6　　模型 I 至模型Ⅲ中各种冲击对主要宏观经济变量的影响

		模型 I			模型Ⅱ			模型Ⅲ		
		产出	就业	通胀	产出	就业	通胀	产出	就业	通胀
货币政策冲击	偏离稳态最大幅度	1. 2%	0. 48%	0. 13%	0. 8%	0. 36%	0. 068%	－4. 3%	－1. 65%	－0. 32%
	反应时滞（季度）	3	3	4	3	3	3	3	4	4
技术冲击	偏离稳态最大幅度	3. 6%	－1. 25%	－1. 55%	2%	－1. 6%	－1. 18%	7. 8%	－1. 8%	－1. 76%
	反应时滞（季度）	5	2	2	5	9	2	8	2	4
偏好冲击	偏离稳态最大幅度	－2. 8%	－1. 25%	0. 6%	－4. 3%	－1. 6%	0. 5%	0. 7%	－1. 1%	0. 5%
	反应时滞（季度）	2	3	8	3	3	6	2	11	6
投资冲击	偏离稳态最大幅度	6%	2. 8%	－1. 45%	8%	3. 2%	－0. 96%	6%	2. 9%	0. 15%
	反应时滞（季度）	3	3	9	3	4	8	4	5	4
劳动供给冲击	偏离稳态最大幅度	1. 25%	0. 9%	－0. 42%	0. 98%	0. 68%	－0. 32%	4. 9%	3%	－0. 9%
	反应时滞（季度）	7	6	5	8	7	3	11	10	7
政府支出冲击	偏离稳态最大幅度	6. 5%	0. 85%	－0. 33%	6. 8%	0. 95%	－0. 18%	7. 3%	1. 6%	0. 1%
	反应时滞（季度）	1	1	4	1	2	4	1	2	4

第 7 章

结论与政策空间

7.1 本书的主要结论

本书的主要结论如下：

第一，本书借鉴国内外学者的研究成果，将影子银行定义为由传统银行体系之外的金融实体（独立主体和非独立部门）及其活动所组成的信用中介体系。也就是说，凡在国内金融市场上创造信用，且未向央行缴纳存款准备金的各种机构和业务均属于影子银行的范畴。从理论上讲，影子银行降低了货币供给量的可测性与可控性，削弱了货币政策数量型调控工具的效力，并能够影响利率工具的实施效果。

第二，在经济活动复杂性不断提高、金融体制改革逐步深入以及我国加入 WTO 的背景下，推进我国利率市场化改革具有很强的迫切性和必要性。多年来，我国利率市场化改革稳步推进，已基本形成利率市场化的格局。从理论上讲，利率市场化对我国货币政策有效性同时具有积极影响和负面作用。

第三，本书利用“未观测信贷”的概念，从信贷需求（即借款人）角度，通过国民经济核算和金融统计分析的方法对我国影子银行的规模进行测算。实证结果表明，自 1996 年以来，我国影子银行规模不断增长，1996 年第 1 季度我国影子银行规模只有 10657. 76 亿元，到 2013 年第 3 季度已达到220161.62亿元，这十八年间扩大了近21倍。该结果介于其他学者和机构4万亿~36万亿的测算结果之间。除上述总量规模以外，我们还发现影子银行借款人从以农户为中心转化为以私营企业及个体工商户为中心，这对于我国金融体制的深化改革具有方向性的启示。在考虑影子银行规模的情况下，1996第1季度至2013年第3季度期间我国广义流动性规模由75205.83亿元增长至1007522.37亿元。

第四，本书利用状态空间模型估计了我国均衡利率的水平。在状态空间模型设定中，本书认为货币需求主要由收入水平、均衡利率与名义利率之间的缺口、预期通货膨胀率等经济变量决定。且货币供给由广义流动性作为代表。实证结果表明，在1996年第1季度至2013年第3季度期间，我国均衡利率均高于基准名义利率，变动幅度在5%~13%之间，且与基准名义利率相比，均衡利率波动更为频繁。

第五，本书构建了三个我国货币政策工具调控绩效分析的DSGE模型：基于广义货币供给量M2的货币政策数量型工具调控绩效分析模型（模型Ⅰ）、基于广义流动性的货币政策数量型工具调控绩效分析模型（模型Ⅱ），以及利率市场化背景下基于广义流动性的货币政策价格型工具调控绩效分析模型（模型Ⅲ）。脉冲响应结果表明，影子银行的出现降低了我国货币政策数量型工具的调控效力，这一结论与理论分析相一致。而且，在利率市场化以及影子银行出现导致金融脱媒的背景下，我国货币政策价格型工具的调控效力优于数量型工具。

7.2 本书的政策空间

本书的政策空间如下：

第一，完善监管监测体系，逐步将影子银行纳入正规金融监管体系中。影子银行不受资本充足率和存款准备金制度的约束，隐藏着巨大风险，因此，应将影子银行纳入监管范围，进行常态化监测。例如，加强对投资银行、对冲基金及场外市场交易的监管，建立前瞻性、可调整的影子银行风险预警与动态监测机制；建立新型金融市场信息披露制度，提高金融产品和金融市场的透明度；建立健全金融立法，明确相关制度安排以及规范性要求，为影子银行机构和产品的健康发展创造良好法制环境。同时，注重各监管机构之间的信息共享和协调合作机制，明确监管职责，有效覆盖监管盲区，杜绝监管真空和重复监管。

第二，重新界定货币内涵，扩展货币供应量的观测边界，制定统一、客观的货币计量框架和数据信息统计口径，逐步建立金融业综合统计体系。调整货币供应量统计口径的主要目的是在考虑金融脱媒因素的情况下，更准确地反映全社会流动性规模，从而增强货币总量指标对经济金融环境变化的敏感性，提高中央银行宏观调控的精准度。作为货币政策的新观测指标，社会融资总量在一定程度上加强了对影子银行的观测力度，但仍不能涵盖由影子银行体系创造的全部流动性。因此，应对货币供应量的观测指标进行扩展，加强资金流量统计，并及时对货币统计口径进行修订，实现与货币政策调控目标的定量对接。

第三，在完善数量型工具的基础上推进价格型工具的使用。完善货币政策数量型工具主要包括：调整准备金的统计口径，突破原有以银行信贷为主的统计口径，建立不同资产形式的差别制度，进一步扩大准备金的提缴范围；提高再贴现工具的作用效力，建立以票据市场利率为基础的再贴现利率，实现对资金回流的引导和对货币数量的控制；加大公开市场业务的操作力度，大力发展国债市场、同业拆借市场、短期债券市场和票据市场，形成完整的货币市场体系，促进资金的高效流动，以便准确传递中央银行的货币政策意图。同时，随着影子银行的不断发展和利率市场化改革的逐步深入，各类创新金融产品不断涌现，中央银行对货币供应量的调控能力将进一步减弱，利率取代货币供应量作为中央银行货币政策工具是必然趋势。因此，要建立价格型工具发挥作用的良性市场环境，建立完善的存款保险制度，规范金融机构之间的竞争，并不断完善货币政策传导机制。

第四，继续推进我国利率市场化改革进程，培育市场对利率调控的敏感性，增强利率信号对市场预期的引导作用，进一步拓展货币政策工具的应用空间。例如，在健全商业银行自主定价机制和风险管理体制的基础上，积极推进存贷款利率的市场化改革，逐步取消对存款利率的上限管理和贷款利率的下限管理；理顺包括再贷款利率、再贴现利率、存贷款利率、同业拆借利率、债券回购利率和票据市场利率等在内的利率体系；完善利率期限结构，促使中央银行的短期利率调整能够借助利率期限结构的动态变化，影响市场长期利率预期；深化商业银行基础性金融工具创新并适时推出金融衍生工具，拓展市场化定价体系。

参考文献

[1] 戴根有.《走向货币政策间接调控—中国实践与外国经济》[M]. 北京：中国金融出版社，1999 年第一版.

[2] 戴根有.《中国货币政策传导机制研究：中国实践与国外经验》[M]. 北京：经济科学出版社，2001 年第一版.

[3] 戴相龙.《中国货币政策报告（1999）》[M]. 北京：中国金融出版社，1999 年第一版.

[4] 高铁梅.《计量经济分析方法与建模：Eviews 运用以及实例》[M]. 北京：清华大学出版社，2005.

[5] 胡海鸥.《当代货币金融理论》[M]. 上海：复旦大学出版社，2000.

[6] 李扬.《中国金融改革 30 年》[M]. 北京：社会科学文献出版社，2008 年第一版.

[7] 李扬，胡滨.《金融危机背景下的全球金融监管改革》[M]. 北京：社会科学文献出版社，2010.

[8] 李建军，徐赛兰（Sara Hsu），田光宁主编.《中国影子金融体系研究报告》[M]. 北京：知识产权出版社，2012.

[9] 刘斌.《动态随机一般均衡模型及其应用》[M]. 北京：中国金融出版社，2010.

[10] 陆前进，卢庆杰.《中国货币政策传导机制研究》[M]. 上海：立信会计出版社，2006 年第 1 版.

[11] 唐红娟.《影子银行体系：功能、脆弱性与监管改革》[M]. 北京：知识产权出版社，2012.

[12] 汪洋.《中国货币政策工具研究》. 北京：中国金融出版社，2009年第一版.

[13] 辛乔利.《影子银行》[M]. 北京：中国经济出版社，2010.

[14] 易纲.《中国的货币化进程》[M]. 北京：商务印书馆，2003年第一版.

[15] 巴曙松. 加强对影子银行系统的监管 [J]. 中国金融，2009(14).

[16] 巴曙松. 金融危机下的全球金融监管走向及展望 [J]. 西南金融，2009 (10).

[17] 卞志村，毛泽盛. 开放经济下中国货币政策操作规范研究 [J]. 金融研究，2009年 (8)：61-73.

[18] 陈昆亭，龚六堂. 黏滞价格模型以及对中国经济的数值模拟——对基本RBC模型的改进 [J]. 数量经济技术研究，2006 (8)：106-117.

[19] 杜亚斌，顾海宁. 影子银行体系与金融危机 [J]. 审计与经济研究，2010 (1)：82-87.

[20] 龚刚. 实际商业周期：理论、检验与争议 [J]. 经济学季刊，2004，(4)：785-802.

[21] 何德旭，郑联盛. 影子银行体系与金融体系稳定性 [J]. 经济管理，2009 (11)：20-25.

[22] 贺军. 对“影子银行”也要一分为二 [J]. 金融管理与研究，2011 (11).

[23] 胡志浩. 金融危机中的流动性变化及其管理 [J]. 经济学动态，2009年 (4)：42-48.

[24] 黄建宏，王建民. 关于分工、专业化和借贷利率的一般均衡分析 [J]. 数量经济技术经济研究，2003 (9)：52-57.

[25] 柯伟. 我国影子银行发展过程中存在的风险及监管对策 [J]. 山西财经大学学报，2012 (12).

[26] 李波，伍戈. 影子银行的信用创造功能及其对货币政策的挑战 [J]. 金融研究，2011 (12).

[27] 李建军. 中国未观测信贷规模的变化：1978—2008年[J]. 金融研究，2010年第4期.

[28] 李扬. 影子银行体系发展与金融创新[J]. 中国金融，2011 (12).

[29] 梁琪，张孝岩，过新伟. 中国金融市场基准利率的培育——基于构建完整基准收益率曲线的实证分析[J]. 金融研究，2010 (9)：87-105.

[30] 刘斌. 我国DSGE模型的开发及在货币政策分析中的应用[J]. 金融研究，2008 (10)：1-21.

[31] 李春吉，孟晓宏. 中国经济波动——基于新凯恩斯主义垄断竞争模型的分析[J]. 经济研究，2006 (10)：72-82.

[32] 骆振心，冯科. 影子银行与我国货币政策传导[J]. 武汉金融，2012 (4).

[33] 马文涛. 货币政策的数量型工具与价格型工具的调控绩效比较——来自动态随机一般均衡模型的证据[J]. 数量经济技术经济研究，2011年第10期：92-110.

[34] 彭兴韵. 金融危机管理中的货币政策操作[J]. 金融研究，2009年 (4)：10-23.

[35] 潘耀明，胡莹，仲伟周. 基于利率途径的货币政策传导效果实证研究[J]. 上海金融，2008年 (3)：47-51.

[36] 孙明华. 我国货币政策传导机制的实证分析[J]. 财经研究，2004 (3)：19-30.

[37] 田建强. 中国自然利率的测算——基于SVAR方法[J]. 管理评论，2010 (2)：39-42.

[38] 谭旭东. 两次金融危机下中国宏观调控比较分析及其启示[J]. 经济学动态，2009年 (5)：39-43.

[39] 王婉芬. 我国均衡利率测算与失调度问题探讨[J]. 西安财经学院学报，2013年 (1)：30-35.

[40] 王增武. 影子银行体系对我国货币供应量的影响[J]. 中国金融，2010 (23).

[41] 王建国. 泰勒规则与我国货币政策反应函数的实证研究[J]. 数

量经济与技术经济研究，2006年（1）：43－49.

［42］吴培新．我国宏观调控中的货币供应量和信贷规模［J］．经济学动态，2008（8）：43－48.

［43］谢多．公开市场业务实践与货币政策操作方式转变［J］．经济研究，2000年（5）：35－39.

［44］谢平．中国货币政策分析：1998－2002［J］．金融研究，2004年（8）．

［45］谢平，罗雄．泰勒规则及其在中国货币政策中的检验［J］．经济研究，2002年（3）：3－12.

［46］谢平，廖强．货币供应量不宜作为我国货币政策的中介目标［J］．经济研究，2001年（8）：15－22.

［47］夏斌，廖强．货币供应量已不宜作为当前我国货币政策的中介目标［J］．经济研究，2001（8）：6－14.

［48］许伟，陈斌开．银行信贷与中国经济波动：1993－2005［J］．经济学季刊，2009（3）：969－994.

［49］许少强，张记伟．外汇市场压力下中国货币政策效果的实证分析［J］．国际金融研究，2009年（9）：64－72.

［50］杨柳，李力．货币冲击与中国经济波动——基于DSGE模型的数量分析［J］．当代经济科学，2011（5）．

［51］姚军，葛新峰．我国影子银行的发展现状及其对信贷调控政策的影响［J］．金融纵横，2011（10）．

［52］袁增霆．中外影子银行的本质与监管［J］．中国金融，2011（1）.

［53］余永定．理解流动性过剩［J］．国际经济评论，2007年7－8月：5－7.

［54］易宪容．“影子银行体系”信贷危机的金融分析［J］．江海学刊，2009（3）：70－75.

［55］易宪容．美国次贷危机的信用扩张过度的金融分析［J］．国际金融研究，2009（12）.

[56] 张翠微. 中央银行货币政策工具变化评析 [J]. 国际金融研究, 2008 (4): 75 –79.

[57] 张翠微. 从公开市场操作的发展变化分析主要国家央行非常规货币政策的退出机制 [J]. 金融研究, 2010 年 (1): 67 –76.

[58] 张纯威. 开放条件下我国货币政策操作规则检验 [J]. 上海金融, 2008 年 (4) 40 –45.

[59] 赵昕东, 陈飞, 高铁梅. 我国货币政策工具变量效应的实证分析 [J]. 数量经济技术经济研究, 2002 (7): 103 –106.

[60] 周莉萍. 影子银行体系的信用创造: 机制, 效应和应对思路 [J]. 金融评论, 2011 (4).

[61] 仝冰. 货币、利率与资产价格 [D]. 北京大学博士研究生学位论文, 2010.

[62] 徐高. 基于动态随机一般均衡模型的中国经济波动数量分析 [D]. 北京大学博士研究生学位论文, 2008.

[63] 郑联盛. 影子银行体系: 发现、内涵与未来 [R]. 北京: 中国社会科学院世界经济与政治研究所国际金融研究中心, 2009.

[64] Adolfson, M., Laseen, S., Linde, J. and Villani, M. 2007. Bayesian Estimation of an Open Economy DSGE Model with Incomplete Pass-through [J]. Journal of International Economics, Vol. 72, No. 2. pp. 481 –511.

[65] Adrian Tobias and Shin Hyun Song. The Shadow Banking System: Implications for Financial Regulation [R]. Staff Report, Federal Reserve Bank of New York, 2009.

[66] Adrian Tobias and Shin Hyun Song. The Changing Nature of Financial Intermediation and the Financial Crisis of 2007 – 2009. Federal Reserve Bank of New York Staff Report, No. 439, 2010.

[67] Allen, Franklin, and Douglas Gale. 2000. Bubbles and Crises, Economic Journal, 2000 –110/460, pp. 236 –255.

[68] Andrew Sheng. The Erosion of U. S. Monetary Policy Management under Shadow Banking [R]. Thailand: International Conference on Business

and Information, July, 2011.

[69] An. S and Schorfheide. F. 2007. Bayesian Analysis of DSGE Models [J]. Econometric Reviews. Vol. 26. No. 2 –4, pp. 113 –172.

[70] Ariff, M. and Ahmed M. Khalid. Marketization, Growth and the Asian Financial Crisis: Lessons for Developing and Transitional Economies in Asia [M], Cheltenham, UK; Northampton, MA: Edward Elgar, 2000.

[71] Ball. Efficient Rules for Monetary Policy [J]. International Finance, 1999.

[72] Barro, R. J. and Gordon, D. B. 1983. Discretion and Reputation in a Model of Monetary Policy [J]. Journal of Monetary Economics, Vol. 12, No. 1, pp. 101 –121.

[73] Barth, J. R., Caprio Jr. G., Levine, R. Bank Institution Around the Globe: Do Regulation and Ownership Affect Performance and Stability? [R]. World Bank Policy Research Working Paper No. 2325, 2000.

[74] Bengtsson, E. Shadow Banking and Financial Stability: European Money Market Funds in the Global Financial Crisis, Journal of International Money and Finance, 1 –16, 2012.

[75] Bernake, B. S. and Gertler, M. 1995. Inside the Black Box: The Credit Channel of Monetary Policy Transmission [J]. Journal of Economic Perspectives, Vol. 9, No. 4, pp. 1 –21.

[76] Bernanke B. S. Monetary Policy and the Housing Bubble, at the Annual Meeting of the American Economic Association, January 3, 2010, www. fedenilrcservc. gov.

[77] Blanchard, O. J. and Kahn, C. M. 1980. The Solution of Linear Difference Models Under Rational Expectations [J]. Econometrica, Vol. 48, No. 1, pp. 473 –484.

[78] Brzoza-Brzezina M. Estimating the Natural Rate of Interest: A SVAR Approach [J]. Economics Working Paper at WUSTL, 2003 (1): 152 –186.

[79] Bullard, J. 2009. Effective Monetary Policy in a Low Interest Rate

Environment. The Henry Thornton Lecture, Cass Business School, London, March 24, 2009.

[80] Calvo, Guillermo A. Staggered Prices in a Utility-Maximizing Framework [J]. Journal of Monetary Economics, 1983 (12): 383 -398.

[81] Caballero R. J., Kashyap A. K., 2008. Zombie Lending and Depressed Restructuring in Japan. American Economic Review, December 2008.

[82] Christiano. L. J. 2005. Nominal Rigidities and the Dynamic Effects of a Shock to Monetary Policy [J]. Journal of Political Economic, Vol. 113, pp. 1 -45.

[83] Christiano, L., Martin Eichenbaum and Charlie L. Evans. Nominal Rigidities and the Dynamic Effects of a Shock to Monetary Policy [J]. Journal of Political Economy, 2005, 133 (1): 1 -45.

[84] Christiano. L. J., Motto. R and Rostagno. M. 2007. "Financial Factors in Business Cycles", Unpublished Manuscript. North western University.

[85] Christiano. L., Motto. R. and Rostagno, M. 2010. Financial Factors in Economic Fluctuations [J]. Working paper No. 1192, European Central Bank.

[86] Cole, Harold L. and Lee E. Ohanian. 2004. New Deal Policies and the Persistence of the Great Depression - A General Equilibrium Analysis. Journal of Political Economy, 2004 -112/4, pp. 779 -819.

[87] Djankov, S., McLiesh, C., Shleifer, A., Private Credit in 129 Countries [R]. National Bureau of Economic Research Working Paper No. 11078, 2005.

[88] Elizabeth A. Duke, 2009. Envisioning a Future for Housing Finance, at the Mortgage Foreclosure Policy Conference, Federal Reserve Bank of Chicago, December 10, 2009.

[89] Eggertsson, G. B. and Woodford M, 2004. Policy Options in a Liquidity Trap, American Economic Review Papers and Proceedings, May 2004, 2004 -94, pp. 76 -79.

[90] European Central Bank, 1999. The Operational Framework of the Euro system—Description and First Assessment, ECB Monthly Bulletin, May 1999, pp. 29 -43.

[91] Evan Tanner, 2000. Exchange Market Pressure and Monetary Policy-Asia and Latin America in the 1990s, IMF Staff Paper, 2000 -47/3, pp. 311 -333.

[92] Fabio Verona. Monetary Policy Shocks in a DSGE Model with a Shadow Banking System [R]. http//ideas. repec. org. cn. com, 2011.

[93] Frederic S. Mishkin, 2008. Speech at the Tuck Global Capital Markets Conference, Tuck School of Business, Dartmouth College, Hanover, New Hampshire. February 15, 2008.

[94] Fuhrer, J C and G. R. Moore. Inflation Persistence [J]. The Quarterly Journal of Economics, 1995.

[95] Gali. Jordi, 1999. Technology, Employment and the Business Cycle: Do Technology Shocks Explain Aggregate Fluctuation? [J]. America Economic Review, Vol. 89, pp. 249 -271.

[96] Gali, J. and M. Gertler. Inflation Dynamics: A Structural Econometric Analysis [J]. Journal of Monetary Economics, 1999.

[97] Geithner T F. Reducing Systemic Risk in a Dynamic Financial System [J]. Speech at Economic Club of New York, New York City. June, 2008 (9).

[98] Gorton Gary. Slapped by the Invisible Hand: Banking and the Panic of 2007. Oxford University Press, 2009.

[99] Gorton Gary. Questions And Answers About The Financial Crisis. NBER Working Paper, No. 15787, 2010.

[100] Gorton Gary and Metrick Andrew. Securitized Banking and the Run on Repo. NBER Working Paper. No. 15223, 2010.

[101] Gross B. Beware our shadow banking system [J]. Fortune, 2007.

[102] Guender. Alternative Monetary Policy Rules And The Specification Of The Phillips Curve: A Comparison of Nominal Income with Strict Inflation Tar-

geting [J]. University Of Canterbury, 2000.

[103] Guiso, L., Sapienza, P., Zingales, L. The Role of Social Capital in Financial Development [J]. The American Economic Review, 2004, 94.

[104] Hamilton, J. D. Time Series Analysis [M]. New Jersey: Princeton University Press, 1994.

[105] Ireland, 2003, Endogenous Money or Sticky Prices [J]. Journal of Monetary Economics, Vol. 50, pp. 1623 – 1648.

[106] Ireland, Peter N. A Small, Structural, Quarterly Model for Monetary Policy Evaluation [C]. Carnegie-Rochester Conference Series on Public Policy, 1997 (47): 83 – 108.

[107] Ireland, 2011, "A New Keynesian Perspective on the Great Recession", Journal of Money, Credit and Banking, Vol. 43, No. 1, pp. 31 – 54.

[108] Jens H E Christensen, Jose A Lopez and Glenn D Rudebusch: Do central bank liquidity facilities affect interbank lending rates? Working Paper Series, Federal Reserve Bank of San Francisco, June 2009, No 2009 – 13, pp. 25 – 38.

[109] Jensen. Targeting Nominal Income Growth or Inflation [J]. The American Economic Review, 2002.

[110] KIM Jae Chu. Interest Rate Deregulation and Money Market Development in Korea [C]. Interest Rate Marketization and Money Market Development, 1995.

[111] Krugman P. Out of the Shadows [J]. International Herald Tribune, 2009.

[112] Kotaro Ishi, Mark Stone, Etienne B. Yehoue, 2009. Unconventional Central Bank Measures for Emerging Economies. IMF Working Paper, WP/2009/226.

[113] Kuttner, Kenneth N., and Patricia C. Mosser, 2002. The Monetary Transmission Mechanism-Some Answers and Further Questions. Economic Policy Review of the Federal Reserve Bank of New York, May 2002, No 2002 – 1,

pp. 15 -26.

[114] Kydland, F. E. and Prescott, E. C. 1977. Rules Rather than Discretion: the Inconsistency of Optional Plans [J]. Journal of Political Economy, Vol. 85, No. 3, pp. 473 -491.

[115] Kydland, F. E. and Prescott, E. C. 1982. Time to Build and Aggregate Fluctuations [J]. Econometrica, Vol. 50, No. 6, pp. 1345 -1370.

[116] La Porta, R., Lopez-de-Silanes, F., Shleifer, A., Vishny, R. W.. Law and Finance [J]. Journal of Political Economy (106): 1113 -1155.

[117] La Porta, R., Lopez - de - Silanes, F., Shleifer, A.. Government Ownership of Banks [J]. NBER Working Paper No. 7620, 2000.

[118] Laubach T, J C Williams. Measuring the Natural Rate of Interest [J]. Review of Economics & Statistics, 2003, 85 (4): 1063 -1070.

[119] Lorenzo Bini Smaghi, 2009. Conventional and Unconventional Monetary Policy, at the International Center for Monetary and Banking Studies, Geneva, April 28, 2009, www. ecb. gov.

[120] Mankiw, N. G and R. Reis. Sticky Information versus Sticky Prices: A Proposal to Replace the New Keynesian Phillips Curve [J]. The Quarterly Journal of Economics, 2005.

[121] McCallum, B. T. 1988. Robustness properties of a rule for monetary policy [J]. Carnegie-Rochester Conference Series on Public Policy, Vol. 29, pp. 173 -203.

[122] McCallum and Nelson. Nominal Income Targeting in an Open-Economy Optimizing Model [J]. Journal of Monetary Economics, 1999.

[123] McCulley P. Teton reflections [J]. PIMCO Global Central Bank Focus, 2007.

[124] Mckinnon, R. I.. Money and Capital in Economic Development [M]. Washington: Brookings Institution, 1973.

[125] Mishkin, Frederic S. Is Monetary Policy Effective During Financial Crises? NBER Working Paper, 2009.

[126] Nersisyan Y, Wray L R. The Global Financial Crisis and the Shift to Shadow Banking [R]. Levy Economics Institute, 2010.

[127] Pagano, M., Volpin, P.. The Political Economy of Finance [J]. Oxford Review of Economic Policy, 2001, 17 (4).

[128] Pozsar, Z., Tobias Adrian, Adam Ashcraft, Hayley Boesky. Shadow Banking [R]. New York: Federal Reserve Bank, Revised February, 2012.

[129] R. Lucas, Econometric Policy Evaluation: A Critique [J]. Carnegie-Rochester Conference Series on Public Policy, 1976 (1).

[130] Reis. A Sticky-Information General Equilibrium Model for Policy Analysis [J]. Working Paper of National Bureau of Economic Research, 2009.

[131] Richard Clarida, Jordi Galí, and Mark Gertler. The Science of Monetary Policy: A New Keynesian Perspective [J]. Journal Of Economic Literature, 1999.

[132] Robert, JM. New Keynesian Economics and the Phillips Curve [J]. Journal of Money, Credit and Banking, 1995.

[133] Roubini N, Mihm S. Crisis economics: A Crash Course in the Future of Finance [M]. Penguin books, 2010.

[134] Sargent, Thomas and Neil Wallace, 1975, Rational Expectations, the Optimal Monetary Instrument and the Optimal Money Supply Rule [J]. Journal of Political Economy, Vol183: 241 ~254.

[135] Shaw, E. S.. Financial Deepening in Economic Development [M]. New York: Oxford University Press, 1973.

[136] Smets. F. and Wouters. R. 2003, An Estimated Dynamic Stochastic General Equilibrium Model of the Euro Area [J]. Journal of European Economic Association, Vol. 1, No. 5, pp. 1123 –1175.

[137] Smets F, and Wouters R, 2007, Shocks and Frictions in US Business Cycles: A Bayesian DSGE Approach [J]. American Economic Review, Vol197: 586 ~606.

[138] Stone, Mark, and Ashok Bhundia. 2004. A New Taxonomy of Mo-

netary Regimes. IMF Working Paper, March 2004, No. 2004 - 191.

[139] Strongin, Steven, 1995. The Identification of Monetary Policy Disturbances-Explaining the Liquidity Puzzle. Journal of Monetary Ecomomics, 1995 - 35, pp. 463 - 497.

[140] Svensson, Inflation Targeting as A Monetary Policy Rule [J]. Journal Of Monetary Economics, 1999.

[141] Taylor. John. 1993. Discretion versus Policy Rules in Practice [J]. Camegie-Rochesier Conference Series on Public Policy. Vol. 39, pp. 195 - 214.

[142] Teruyoshi Kobayashi. Optimal Monetary Policy and the Role of Hybrid Inflation-Price-Level Targets [J]. Taylor and Francis Journals, 2005.

[143] Tomiyuki Kitamura. Optimal Monetary Policy under Sticky Prices and Sticky Information [J]. The Ohio State University Working Paper No. 14849, 2009.

[144] Uhlig. H. A. 1999. A Toolkit for Analyzing Nonlinear Dynamic Stochastic Models Easily. Oxford University Press.

[145] Vinals J, Fiechter J, Pazarbasioglu C, et al. Shaping the New Financial System [J]. IMF Staff Position Note, No. SPN/10/15, International Monetary Fund, Washington, DC, 2010, 93.

[146] Walsh. Speed Limit Policies: The Output Gap and Optimal Monetary Policy [J]. American Economic Review, 2002.

[147] Williams J C. The Natural Rate of Interest [J]. FRBSF Economic Letter, 2003 (32): 10 - 31.

[148] Weymark, D. N. 1998. A General Approach to Measuring Exchange Market Pressure. Oxford Economic Papers, 1998 - 50, pp. 106 - 121.

[149] Woodford. Optimal Monetary Policy Inertia [J]. NBER Working Paper, 1999.

[150] Zhang W. 2009. China's monetary policy: Quantity Versus Price Rules [J]. Journal of Macroeconomics, Vol. 31, pp. 473 - 484.